미중 경쟁과 대만해협 위기

일러두기

1. 본문에 나오는 외국 인명과 지명 등은 국립국어원의 외래어표기법에 따랐다.

2. 본문에서 조금 더 자세한 설명이 필요한 부분에는 해당 페이지에 각주를, 지은이가 글을 쓰면서 참조, 인용한 부분들에는 번호를 매겨 후주에 그 내용 및 출처를 밝혀두었다.

3. 책 제목은 《 》로, 신문사 이름과 잡지·보고서 제목, 법률 등은 〈 〉, 논문 제목은 「 」로 표기하였다.

4. 지은이 이름은 가나다순으로 표기하였다.

미중 경쟁과 대만해협 위기

남북한은 동맹의 체인에 연루될 것인가

길윤형   장영희   정욱식

갈마바람
Galmabaram

차례

프롤로그   07

1부   **대만해협의 전쟁 위기와 양안 관계 평화의 길**

01 들어가며   23

02 대만 사회의 변화: 대만의 정체성 고착화와

    민진당 정권의 반중 친미 행보   26

03 양안 관계의 딜레마와 대만의 전략적 가치 상승   33

04 중국의 군사력 강화와 대만의 대응 태세   43

05 양안 관계 평화의 길   61

06 결론   70

2부   **대만해협과 미일 동맹: 일본 내 논의는 어떠한가**

01 들어가며   79

02 일본의 현실 인식: "대만 사태는 강 건너 불이 아니다"   88

03 미일 동맹은 어떻게 진화해왔나   100

04 칼을 빼든 일본의 구체적 대응 움직임   112

05 '억제론'을 넘어 또 다른 대안은 없을까   129

3부   **대만해협 위기와 동맹의 체인: 남북한은 연루될 것인가?**

01 주한미군 사령관 청문회 풍경   141

02 대만해협을 둘러싼 동상이몽과 불안한 균형   145

03 왜 한국의 연루 위험을 걱정하는가?   153

04 동맹의 체인: 한미 동맹과 북중 동맹   180

4부   **남북한의 선택은?**

01 "행운을 빕니다"   195

02 세 가지 딜레마   203

03 무엇을 할 것인가?   213

에필로그   230

후주   243

정욱식 | 평화네트워크 대표 겸 한겨레평화연구소 소장

우리가 또다시 전쟁을 겪는다면, 어떤 상황에서일까? 우리가 오랫동안 걱정해왔던 시나리오는 남북 간 또는 북미 간에 무력충돌이 발생해 확전되는 상황이었다. 이런 상황이 발생할 가능성은 여전하지만, 가장 우려되는 또 하나의 시나리오가 스멀스멀 피어오르고 있다. 바로 미국과 중국 사이에 무력충돌이 발생해 한국이, 더 나아가 한반도가 그 충돌에 휘말리는 상황이다.

최근 대만해협이 '동아시아의 화약고'로 급부상하고 있다. 미국외교협회Council on Foreign Relations(CFR)는 2021년 2월 발간한 보고서에서 "대만은 미국과 중국, 그리고 여러 주요국들이

관여하는 전쟁이 발발할 수 있는 세계에서 가장 위험한 화약고가 되고 있다"고 진단했다. 미국 인도태평양사령부 필립 데이비슨Philip S. Davidson 사령관도 2021년 3월 9일 미 상원 군사위원회 청문회에 제출한 서면 답변서에서 "중국이 6년 이내에 대만에 무력을 사용할 가능성이 있다"고 전망했다.

중국에서도 경고와 우려의 목소리가 나오고 있다. 2021년 7월 1일 중국공산당 창당 100주년을 자축하는 자리에서 시진핑習近平 주석은 "중국을 괴롭히는 외세는 머리가 터져 피를 흘리게 될 것"이라고 경고하면서, 대만과의 통일이 "역사적 임무"라는 점을 거듭 천명했다. 중국의 저명한 국제정치학자인 옌쉐퉁閻学通은 "중국은 미국과의 긴장이 경제 영역으로 한정되고 군사적 충돌로 확대되는 것을 피하고 싶어한다"고 밝히면서도 "그러나 대만을 둘러싼 충돌 위험이 특히 높아지고 있다"고 진단했다. 그러면서 "더 많은 나라들이 대만의 분리주의 정책을 지지할수록, 중국은 대만을 억제하기 위해 군사훈련을 더 많이 실시할 것"이라고 전망했다.[1]

러시아의 우크라이나 침공과 신냉전의 고착화

이처럼 대만을 둘러싼 미중 간의 신경전이 고조되던 와중에 정작 전쟁은 유럽에서 터졌다. 2022년 2월 24일 러시아가 우크라이나를 침공한 것이다. 1990년대 후반부터 북대서양 조약기구(나토NATO)의 동진이 본격화되고* 급기야 러시아의 심장부에 가장 가까운 우크라이나마저 나토 가입을 타진하면서 블라디미르 푸틴Vladimir Putin 대통령이 '예방 전쟁'을 선택한 것이다. 예방 전쟁은 무력을 사용해 미래에 있을 수 있는 안보 위협을 미리 제거하겠다는 의도를 담고 있다. 하지만 이는 적대국의 공격이 임박하지 않은 상황에서 감행하는 일방적인 전쟁 개시라는 점에서 명백한 국제법 위반이다.

중국은 러시아의 우크라이나 침공에 대해 중립적인 자세를 취했다. 우크라이나를 특칭하거나 "침공"이라는 표현을 사용하지는 않았지만 "모든 나라의 주권과 영토는 존중되어야 한다"며 러시아의 침공을 간접적으로 비판하는 동시에 "러시아의 합리적인 안보 우려도 존중되어야 한다"는 입장을 밝힌 것이다. 미국을 비롯한 서방이 나토를 동진시키지 않겠다고 한 약속을 지키지 않았고 우크라이나의 나토 가입

---

* 1999년 폴란드, 체코, 헝가리를 시작으로 2004년에는 발트3국(에스토니아, 라트비아, 리투아니아)이 나토에 가입했다

에 대해서도 명확하게 불가 입장을 밝히지 않은 것이 전쟁을 촉발시킨 중요한 원인이라고 우회적으로 비판한 것이다. 그러면서 중국은 정치적 협상을 통한 평화적인 해결을 촉구했다.

러시아의 우크라이나 침공은 대만 문제를 둘러싼 갈등 구조에도 다방면으로 영향을 미칠 것이다. 현재 신냉전이 고착화되고 있기 때문이다. 전문가들 사이에선 21세기의 국제질서를 "신냉전"이나 "냉전 2.0"이라고 부르는 것에 대해 여러 이견이 존재해왔다. 그러나 러시아의 우크라이나 침공은 이 논쟁에 쐐기를 박았다. 미국 주도의 반反러시아 결속이 명확해지면서 냉전시대에 버금가는 외교적·경제적·군사적 봉쇄 정책이 가시화되고 있기 때문이다. 이는 중국에게 큰 딜레마로 작용할 수밖에 없다. 중국이 그동안 추구해왔던 러시아와의 밀월 관계, 그리고 고조되고 있는 국제사회의 반러시아 움직임 사이에서 균형을 잡기가 매우 어려워질 것이기 때문이다.

러시아의 우크라이나 침공 과정에서 미국이 취한 태도도 대만 문제의 향방에 중대한 함의를 지닌다. 미국은 러시아의 침공이 초읽기에 들어간 상황에서도 3차 세계대전으로 비화할 수 있다는 우려를 이유로 들며 우크라이나에 미군이나 나토군 투입은 없을 것이라는 점을 분명히 했다. 이러한 바이든 행정부의 '무력 불개입' 의사 천명은 러시아의 우크라이나 침공을 억제하지 못했다는 비판을 불러일으켰다. 아프가니스탄 철군에 이어 우크라이나 사태에 대한 미국의 직접적인 무력 불개입 선언은 대만 내에서도 미국의 안보 공약에 대한 우려를 증폭시키고 있다.

중국의 관영 매체인 〈글로벌타임스Global Times〉(〈환구시보環球時報〉의 영문판)도 이 점에 주목했다. 우크라이나 위기는 "미국에게 버림받을 수도 있다는 대만 민주진보당(민진당)의 공포를 재확인시켜주고 있다"고 주장한 것이다.[2] 하지만 미국은 3월 1일 마이크 멀린Mike Mullen 전 합참의장을 단장으로 하는 대표단을 대만에 파견해 대만 보호 의지를 재확인했다. "미국은 평화적 수단이 아닌 다른 방법으로 대만의 미래를 결정하려는 모든 노력을 서태평양 평화·안보에 대한 위협으로 간주할 것"이며, "대만 국민의 안보 및 사회적·경제적 시스템을 위태롭게 하는 무력이나 기타 형태의 압력에 대한 억지력을 유지할 것"이라고 강조한 것이다.

이는 우크라이나 사태를 거치면서 대만에 대한 미국의 전략적 입장이 새로운 국면에 접어들 수 있다는 것을 의미한다. 전통적으로 미국은 중국이 대만을 공격할 경우 군사개입 여부에 대해 '전략적 모호성'을 유지해왔다. 하지만 트럼프 행정부에 이어 바이든 행정부도 대만 방어 의지를 공개적으로 언급했고, 특히 조 바이든Joe Biden 대통령은 2021년 10월 '중국이 대만을 공격할 경우 방어할 것이냐'는 질문에 "그렇다"고 답해 중국의 강력한 반발을 야기한 바 있다. 2022년 5월 23일 미일 정상회담에서 바이든의 발언은 여기서 한 걸음 더 나아갔다. '대만 방어를 위해 군사개입을 할 것이냐'는 질문에 "그렇다. 그것이 우리의 약속"이라고 말한 것이다.

이러한 발언이 파문을 일으키자 백악관과 펜타곤은 진화에 나섰다. 백악관은 바이든의 발언이 "하나의 중국 정책과 대만의 평화와 안정에 대한 미국의 약속을 재확인한 것"일 뿐이라고 밝혔고, 로이드 오스틴Lloyd Austin 국방장관은 대만관계법에 따라 미국이 대만에 무기와 장비를 제공하겠지만, 군사개입 여부에 대해서는 모호성을 지킬 것이라는 취지의 입장을 내놨다. 동시에 미국 공화당과 싱크탱크 일각에선 이 기회에 '전략적 명확성'을 밝혀야 한다는 주장도 나오고 있다. 따라서 미국이 대만 방어의 범주에 직접적인 군사개입까

지 포함시켜 중국의 대만 공격을 억제하겠다는 '전략적 명확
성'을 공식화할 것인가가 향후 미중 전략 경쟁에서 핵심 변
수가 될 것이다.

하지만 우크라이나 사태를 거치면서 미국의 대만 방어 '의
지'와 '능력' 사이에 간극이 커질 수도 있다. 21세기에 들어
서면서 미국은 전략적 중심축을 유럽에서 아시아태평양 지
역으로 옮기려고 했었다. 그러나 아프가니스탄과 이라크 침
공을 강행하면서 중동에 발목을 잡혔다. 결국 오바마 행정부
는 이라크 철군을 단행하면서 아시아 재균형 전략을 추구했
다. 트럼프 행정부는 태평양사령부를 인도태평양사령부로
확대했다. 바이든 행정부도 이 전략을 계승하여 아프가니스
탄 철군을 단행했다. 이 모든 조치는 미국의 힘을 중국과의
경쟁에 집중시키겠다는 의도를 보여준다.

그런데 러시아가 우크라이나를 침공하면서 유럽은 2차 세
계대전 이후 최악의 지정학적 위기에 직면하고 있다. 이에
미국을 포함한 나토는 군비증강을 통해 러시아를 봉쇄하려
고 할 것이다. 이는 곧 군사적 능력을 중국과의 경쟁에 집중
하려던 미국의 계획에 차질이 생길 수 있다는 것을 의미한
다. 그리고 그럴수록 한국, 일본, 오스트레일리아 등 아시아

동맹국들의 군비증강과 미국 주도의 동맹 결속 움직임도 강해질 수 있다. 이미 고조되고 있는 아시아의 군비경쟁이 더 격화될 수 있다는 뜻이다.

또 하나 미국 주도의 제재가 미칠 파장에도 주목할 필요가 있다. 미국은 러시아가 우크라이나를 침공할 경우 가혹한 경제제재가 뒤따를 것이라고 경고했다. 침공을 억제하기 위한 경고였지만, 이것만으로는 역부족이었다. 우크라이나 문제가 러시아의 존엄과 안보가 달린 사안이라고 간주한 푸틴이 경제제재에 물러설 가능성은 애초부터 없었기 때문이다. 미국은 러시아가 침공을 강행하자 경고했던 대로 전방위에 걸친 강력한 대러 경제제재를 주도했다. 그 결과 러시아는 국제적 고립과 경제위기에 직면할 것처럼 보였다.

이를 두고 일부에서는 중국이 러시아의 사례를 반면교사로 삼을 것이라는 기대감도 드러내고 있다. 중국이 대만을 침공하면 중국도 러시아 꼴이 날 수 있다는 인식을 심어줘 중국을 자제하게 만드는 '억제 효과'가 있지 않겠느냐는 것이다. 하지만 강력한 경제보복 경고는 푸틴을 억제하지 못했다. 경제제재의 효과에 대해서도 다양한 의견이 존재하지만, 국가의 안보 주권과 영토와 관련된 문제에 있어서는 제재 효과가 낮다. 더욱이 시간이 지나면서 제재의 역효과도 뚜렷해지고 있다. 러시아 경제에 미치는 부정적 영향보다 미국 등 서방세계의 경제난이 더 심화되고 있는 것이다. 게다가 중국은 대만 문제를 주권과 영토, 즉 양보할 수 없는 문제로 간주하고 있다. 결국 중국이 러시아의 사례를 반면교사로 삼을 것이라는 기대는 '희망적 사고'에 그칠 수 있다.

투키디데스의 함정과 한반도

미중 전략 경쟁이 격화하면서 '투키디데스의 함정'이라는 말이 회자되고 있다. 약 2,400년 전 투키디데스는 스파르타와 아테네의 펠로폰네소스전쟁을 지켜보면서, 신흥 부상국에 대한 지배국의 불안감은 결국 양국의 전쟁으로 이어질 수밖에 없다는 의견을 제시했다. 이를 미중 관계에 적용해 '투키디데스의 함정'이라는 표현을 유행시킨 학자가 그레이엄 앨리슨Graham Allison이다. 그는 2017년에 《예정된 전쟁: 미국과 중국의 패권 경쟁, 그리고 한반도의 운명Destined for War: Can America and China Escape Thucydides's Trap?》이라는 책을 펴냈다. 이 책은 세계적인 베스트셀러가 될 정도로 화제를 모았고, 영국의 경제 전문지 〈파이낸셜타임스Financial Times〉는 2018년 올해의 단어로 '투키디데스의 함정'을 선정했다. 그 후로 미중 간의 경쟁과 갈등은 더 격화해왔다.

그런데 투키디데스의 함정은 미중 관계에 국한되지 않는다. 나는 남북한, 특히 한국이 이 함정에 빠져들고 있는 것은 아닌가 하는 강한 우려를 느낀다. 유일한 동맹국인 미국의 상대적 쇠퇴와 이념 체제가 다른 중국의 급격한 부상이 맞물리면서 우리 사회에도 '중국위협론', '중국혐오론'이 빠르게 스며들고 있기 때문이다. 중국에 대한 막연한 두려움과 혐오감은 한미동맹 강화와 한국의 대규모 군비증강을 부추기고 있다. 이런 추세가 계속된다면, 함정은 나중에 빠져나오기 힘들 정도로 더 깊어질 수 있다. 남북관계를 단절시킨 채 군비증강 및 중국·러시아와의 관계 강화에 박차를 가하고 있는 북한도 마찬가지다.

강대국들 사이의 대결과 지정학적 위기가 부각될수록 한반도와 대만해협 사이의 상호작용도 커지기 마련이다. 이와 관련해 한국전쟁 당시 대만 문제에 대한 미국의 선택과 그 파장을 복기해볼 필요가 있다. 1950년 6월 25일 북한의 남침으로 한국전쟁이 발발하자 미국의 해리 트루먼Harry Truman 대통령은 이틀 만에 "대만에 대한 공격에 대비할 것을 7함대에 지시했다". 그러면서 7함대를 대만해협에 파견하는 한편 13공군을 대만에 주둔시켰다. 당시 미국의 선택은 중국의 셈법에 중대한 영향을 미쳤다.

1950년 1월에 발표된 '애치슨 라인*'에 대만을 포함하지 않은 것에서도 알 수 있듯이 한국전쟁 이전까지 미국은 대만을 중국의 일부로 인정하는 듯한 태도를 보였다. 그러던 미국이 대만해협에 군사력을 투입하자 중국은 미국의 의도에 강한 경계심을 갖기 시작했다. 중국은 미국이 대만에 대한 태도를 달리했듯이 한반도에서도 현상 회복을 넘어 미국 주도의 통일을 시도할 것이라고 봤다. 실제로 미국 주도의 유엔군이 38선을 넘어 북진 통일을 감행하자 중국도 전면적인 참전을 선택했다. 대만과 한반도라는 2개의 전선에서 미국을 상대해야 한다면 한반도를 전쟁터로 삼는 것도 나쁘지 않다고 봤던 것이다.

이처럼 지정학적으로 한반도와 대만 문제는 긴밀하게 연결되어 있다. 국제정치학자인 이삼성은 이러한 상황을 "동아

• 미국의 국무장관 딘 애치슨이 발표한 미국의 극동방위선. 한국과 대만은 여기에 포함되지 않았다.

시아 대분단선"이라고 명명한 바 있다.[3] 그리고 현재 이 대분단선을 사이에 두고 각 진영의 동맹이 강화되고 있다. 미래의 상황은 1950년대 초반과는 반대로 진행될 수 있다. 한국전쟁이 대만해협의 위기로 전이되었던 것과 달리 미래에는 대만해협에서의 충돌이 한반도의 위기로 확대될 가능성이 높다는 뜻이다. 이처럼 대만 문제는 결코 '바다 건너 불'이 아니다. 남한과 북한이 각각 미국과 중국의 동맹 사슬에 엮여 있기에 더욱 그렇다.

중국은 "한국이 미국과 중국 가운데 어느 한쪽 편을 들기를 바라지 않는다"는 입장이다. "한국이 대만과 남중국해 문제에 개입하는 것도 바라지 않"으며, "향후 일어날 수 있는 이 지역의 군사적 대립 상황에서 한국은 중립을 지켜야 한다"고 강조한다.[4] 반면 미국은 한국의 중립적 태도가 사실상 중국 편을 드는 것이라고 간주하는 경향이 있으며, 그런 이유로 대만해협을 포함한 인도태평양 지역의 "평화와 안정"을 위해 한국도 모종의 역할을 해줄 것을 요구한다.

문제는 중립의 경계선 자체가 모호할 뿐만 아니라 실질적인 중립을 선택하는 것이 매우 어렵다는 점이다. 만약 미중 군사 충돌이 발생했을 때 한국이 중립을 선언한다고 해서

과연 중립이 성립될까? 한국 영토에 있는 미국 군사력인 주한미군이 출동하는 것과 한국의 중립 선언이 양립할 수 있을까? 이 난처한 질문은 우리가 안고 있는 거대한 구조적 딜레마를 분명하게 상기시킨다.

동시에 이 딜레마는 미중을 상대로 우리의 발언권을 행사하는 중요한 근거이기도 하다. 중국에겐 '당신들이 요구하는 중립이 현실과 동떨어진 것일 수 있다'는 점을, 미국에겐 '당신들이 그토록 강조해온 동맹인 한국의 안정과 평화가 위협당할 수 있다'는 점을 주장할 수 있는 근거이기 때문이다.

대만해협의 전쟁 위기와 양안 관계 평화의 길*

장영희

성균중국연구소 연구실장

* 이 글은 〈중국사회과학논총〉에 발표한 나의 학술 논문 「미중 전략경쟁 시대 양안 안보 딜레마의 동학」의 내용 일부를 보완하고 재구성한 것이다.

01

들어가며

대만해협은 지금까지 대륙 세력과 해양 세력이 지정학적 단층선 위에서 절묘한 균형을 이루어왔던 공간이다. 그런데 세계 양대 강국인 미국과 중국이 경쟁과 갈등의 길을 선택하면서 군사적 충돌 가능성이 가장 높은 곳이 되었다. 미국이 중국에 비해 압도적 힘의 우위를 점하고 미중 관계가 협력적이었을 때는 대만해협의 안보 위기가 잘 관리되었다. 그러나 중국이 점점 부강해지고 미중 관계가 갈등 국면에 접어들면서 양 세력의 이익이 겹치는 대만해협, 동중국해와 남중국해, 한반도 등 지정학적 중간 지대에서 무력충돌의 위험성이 커졌다.

2021년 3월 당시 미국 인도태평양사령부 사령관 필립 데이비슨 제독은 중국이 향후 6년 내에 대만을 침공할 수 있다고 의회에 보고했다. 5월에는 〈이코노미스트The Economist〉가 커버스토리로 대만을 다루면서 "지구에서 가장 위험한 지역the most dangerous place on earth"이라고 분석하기도 했다. 미중이 오랫동안 '하나의 중국'을 서로의 금지선, 즉 레드라인red line으로 삼으며 지켜왔던 "전략적 모호성"이 와해되면서 대만해협의 평화가 흔들리게 되었다는 내용이었다. 6월에는 스탠퍼드대학의 인민해방군 전문가 오리애나 스카일러 매스트로Oriana Skylar Mastro가 〈포린 어페어스Foreign Affairs〉에 기고한 논문을 통해 "중국이 대만 문제의 평화적 해결을 포기하고 무력 통일을 고려하는 불안한 신호를 보이고 있다"고 경고했다. 10월에는 대만 국방부장 추궈정邱国正이 중국은 2025년까지 전면적인 대만 침공 준비를 완료할 가능성이 높다고 밝혔다.

미국, 중국, 대만, 일본 등 관련국들의 국내외 정치적 상황을 살펴보면, 이러한 분석과 경고는 과도한 주장이 아니다. 양안 관계에 핵심적인 영향을 미치는 구조적 프레임을 살펴보면 두 개의 삼각관계가 자리하고 있다. 큰 삼각관계인 미국, 중국, 대만 사이의 관계 변화와 작은 삼각관계인 중국공산당, 대만 민진당, 대만 국민당 사이의 관계 변화가 복합적으로 작용하면서 안보 위기를 일으키고 있다.[1] 큰 삼각관계와 작은 삼각관계는 가치 혹은 이념적 정체성의 거리, 힘의 비대칭성, 각 정당의 집권 유무에 따라 양안 관계에 영향을 미친다.

02

대만 사회의 변화: 대만의 정체성 고착화와
민진당 정권의 반중 친미 행보

현재의 양안 관계가 형성된 것은 2016년 대만에서 반공 및 반중의 이념적 정체성에 기반한 민진당이 집권하면서부터 이다. 민진당 집권 이후 중국과 대만 사이에 긴장 국면이 조성되었고, 관망기를 끝낸 시진핑 체제는 2019년 이후 민진 당과는 대화 및 협상을 하지 않겠다는 입장을 천명해오고 있다. 더욱이 트럼프 행정부 시기와 바이든 행정부 초기에 미중 전략 경쟁이 본격화하면서 대만해협의 안보 위기는 더욱 고조되는 추세다. 요컨대 대만해협의 평화와 안정을 지탱해온 세 가지 기둥인 중국의 전략적 인내, 대만의 독립 불가지론, 하나의 중국 정책에 대한 미국의 모호성 전략에 조금

씩 변화가 생기면서 평화와 안정의 프레임이 흔들리기 시작한 것이다.[2]

큰 삼각관계 측면에서는 중국의 국력이 급격히 상승하면서 힘의 균형에 변화가 일어나고 작은 삼각관계 측면에서는 대만에서 민진당이 집권하면서 중국의 시진핑 체제는 현상을 수정할 필요를 느끼게 되었다. 중국 입장에서는 미중 간의 신냉전 구도, 민진당의 집권과 탈중국화 추세, 대만 사회의 인구통계학적 변화와 대만 정체성의 강화 등으로 인해 평화적인 수단을 통한 통일 방식에 무력감과 좌절감을 느끼는 상황이다. 민진당 집권 이후 교착상태에 빠진 양안 관계는 2019년 홍콩 시위와 2020년 코로나 팬데믹이 촉매작용을 하면서 관계 개선이 요원해졌고 위기관리가 필요한 국면에 접어들었다. 현재 대만의 집권당인 민진당은 "대만 독립"을 당 강령에 적시했으며, 민진당의 차이잉원蔡英文 정부는 정치적으로나 문화적으로 탈중국화와 중화민국 색깔 지우기를 시도하고 있다. 또한 명시적으로 "대만 독립"을 내세우지는 못하지만, 사실상de facto 독립 상태라고 볼 수 있는 현재의 현상 유지status quo를 양안 관계의 기조로 삼고 있다.

대만의 국립정치대학 선거연구센터国立政治大学 選擧研究中心는

1992년부터 매년 대만인들의 주요 정치적 입장에 대한 여론 조사를 실시해왔다. 대만 전 지역에서 연령, 성별, 지역 등의 변수를 반영해 1만여 명 이상의 표본을 추출하기 때문에 신뢰도가 매우 높고, 그 결과는 대만의 전반적인 정치 지형을 조감하는 데 매우 유용한 지표로 평가받고 있다. 2021년 여론조사 결과를 보면, 대만인의 62.3퍼센트가 자신의 정체성을 '대만인Only Taiwanese'으로 인식하고 있고, 31.7퍼센트가 중도적 입장인 '대만인이자 중국인Both Taiwanese and Chinese'으로 인식하고 있으며, 2.8퍼센트의 대만인들만이 자신을 '중국인Only Chinese'으로 인식한다.[3]

정체성의 주류를 이루는 두 흐름인 '대만인'이라는 정체성과 '대만인이자 중국인'이라는 정체성이 오랫동안 경쟁해왔는데, 2008년부터는 '대만인'이라는 정체성이 대만 사회의 주류 정체성으로 자리를 잡고 있다. 자신이 '중국인'이라는 정체성을 느끼는 인구는 2002년부터 10퍼센트 이하로 떨어져서 2008년 이후로는 줄곧 4퍼센트 안팎에 머물러 있다. 이 조사 결과는 지난 20여 년간 대만인의 정체성에 극적인 변화가 일어났으며, 대만인들의 대만 '본토주의 의식(本土意識)'이 강화되고 있음을 보여준다. 더욱이 정부 차원에서 중국에 우호적인 입장을 취하고 중국과의 교류와 협력이 큰 폭으로 증가했던 국민당 마잉주馬英九 집권기(2008~2016년) 동안에도 '대만 정체성(台灣認同)'은 더욱 강화되어왔다는 점을 고려하면, 대만 사회에서 '대만 정체성'은 이미 고착화되었다고 평가할 수 있다.

대만 정체성의 증가는 양안 간의 경제교류로 인한 경제적 이익에도 불구하고 대만인이 중국과의 교류와 협력에 반대하게 만든다. 또한 대만 독립을 당의 강령으로 삼은 민진당 진영의 정치인들을 지지하는 경향을 높이고, 국민당에 대한 지지 여부에도 영향을 미친다. 대만 정체성의 고착화는 선거에서 대만인들의 투표 성향에 상당한 영향력을 발휘해, 과거 선거에서 큰 영향력을 미쳤던 성적 요인省籍因素(조부, 부친, 본인의 출생지에 따라 투표 성향이 갈리는 것)을 이미 넘어선 것으로 나타나고 있다.

하지만 대만 정체성의 증가가 대만 사회의 독립 지향성에 커다란 변화를 만들어내는 상황은 아니다. 같은 여론조사에서 대만 사회의 '통일/독립에 대한 입장'을 살펴보면, 지난 20여 년간 독립 지향적 대만인(독립 지향+최대한 빨리 독립하기를 원함)의 비율은 20퍼센트 초반에 머물러 있다. 반면 현상 유지를 원하는 대만인(현상을 유지하다 다시 결정+계속 현상 유지를 원함)의 비율은 2004년 이후 줄곧 50퍼센트 후반대에 이르고 있다.

따라서 '대만 정체성'을 가진 집단일지라도 독립보다 현상 유지를 선호하는 비율이 높은 것을 보면, 대만인으로서의 정체성과 독립 지향성이 직접적인 상관성을 갖는 것은 아닌 듯하다. 독립을 명시적으로 지향할 경우 중국의 군사적 위협에 직면할 수 있다는 우려가 변수로 작용한 것일 수도 있고, 현 상황이 실제로는 독립 상태라는 의식이 작용한 것일 수도 있다.

그런데 최근 4년간의 추이를 보면, 현상을 유지하면서 점진적으로 독립을 추구하자는 대만인이 2018년 15.1퍼센트에서 2021년 25퍼센트대로 증가했다. 반면 현상을 유지하면서 점진적으로 통일을 추구하자는 비율은 2018년 12.8퍼센트에서 2021년 5퍼센트대로 하락했다. 대만 사회에서 중국 정치에 대한 불신감이 더욱 커지고 있음을 보여준다. 대만 사회의 이러한 반중 여론 강화와 대만 정체성 고착화는 대외적으로 차이잉원 정부의 미국 편승 전략을 지탱하는 토대가 되고 있다.

트럼프 행정부 시기(2017년 1월~2021년 1월)에 미중 관계가 전략적 갈등 상황에 접어들면서 대만 정부는 미국에 편승하는 적극적 친미 정책을 추진해왔다. 2016년 집권한 차이잉원 정부는 대만 사회의 보편화된 반중 여론을 기반으로 대만의 '탈중국화'를 목표로 삼았다. 그러나 중국의 경제적·외교적 압박 속에서 저조한 국정 수행 지지율을 기록하다 2018년 말 지방선거에 크게 패하는 등 연임에 실패할 상황에 처했다. 정권을 내줄 위기 상황이던 2019년 여름, 홍콩에서 대규모 반중 시위가 6개월 넘게 이어지고 중국이 이를 강경 진압하면서 대만 사회의 위기의식이 고조됐다. 결과적으로 차이잉원은 거센 반중 여론을 업고 2020년 1월 재선에 성공했다.

연임에 성공한 차이잉원 정부는 더욱 과감한 친미 행보를 이어갔다. 여론의 거센 반발을 무릅쓰고 성장촉진제가 함유된 미국산 돼지고기와 30개월령 이상 미국산 쇠고기의 수입을 허가하는 행정명령을 통과시켰다. 트럼프 집권기에 미국에서 총 11차례 무기를 구매했는데, 2020년 한 해에만 6차례에 걸쳐 총 58억 6,000억 달러의 무기체계를 도입했다. 이러한 추세는 바이든 행정부 출범 이후에도 계속되고 있다.

미중 대립 구도가 지속되는 상황에서 차이잉원 정부는 산업, 기술, 국방 영역에서 미국과의 관계를 심화시키며 계속 반중 전선을 구축해갈 것으로 전망된다.

03

양안 관계의 딜레마와
대만의 전략적 가치 상승

대만과 중국의 상호 인식 악화

대만해협의 평화와 안정을 유지하기 위해서는 양안 대중이 서로에게 어떠한 생각을 갖고 있는지가 중요하다. 그런데 국민당 마잉주 정부의 대중국 교류 협력 정책은 소기의 성과를 거두지 못했고, 민진당의 차이잉원 정부가 집권한 이후에는 양안 대중의 적대 의식이 점점 고조되었다. 양안 정부 간의 상호 불신과 대립만 심화된 것이 아니라 양안 대중 사이의 적대 의식이 고조되고 있는 것은 무엇보다 우려스러운 현상이다. 최근 2년여 동안 미중 무역전, 홍콩에서의 송환법 반대 시위, 그리고 코로나 팬데믹이 발발하면서 양안 대중의 상호인식은 심각하게 악화되었다.

특히 대만 독립을 지지하는 대만의 "천연독天然独"과 민족의 통일을 열망하는 중국의 "자연통自然統" 같은 양안 청년세대 사이의 갈등과 충돌이 심화되고 있다. 또한 반중국과 혐대만 사이의 대립이 거의 매일 양안의 각종 주요 인터넷사이트에서 벌어지고 있다. 이보다 더 우려되는 것은 중국 사회에서 민족주의가 고조되면서 비평화적인 수단을 사용해서라도 대만을 통일시켜야 한다는 여론이 형성되고 있다는 점이다. 중국 당국이 민족주의 정서에 기대어 이러한 상황을 미중 관계나 내부의 경제사회적 위기를 외부로 돌리기 위한 감정의 분출구로 삼지 않도록 경계할 필요가 있다.[4]

대만 사회에서 대만 정체성의 고착화, 대중국 인식 및 여론의 악화, 미국 편승 전략 등의 구조적 변화가 일어나면서 중국에서는 평화통일의 논리가 약화되고 있다. 마잉주 정부(2008~2016년)가 재집권에 실패하고 민진당으로 정권교체가 이뤄지면서, 시진핑 체제는 대만 문제에 있어서 딜레마에 직면했다. 경제적 통합을 심화하여 정치적 통합으로 나아가겠다는 기능주의적 해법이 좌절되면서 결국 시진핑 체제는 군사적 압박도 불사하겠다는 강경한 입장으로 선회해, 2019년부터 민진당 정부에 대해 비타협적 태도를 본격화하기 시작했다. 대만 당국을 우회하여 야당, 기타 정치세력, 개인에게는 혜택을 주고 긴밀한 관계를 맺어 나가는 전략을 취하는 한편, 중국 단체 관광객 수를 축소하는 등 경제적 압박을 가하고 대만의 세계보건기구(WHO) 총회 참석을 저지하거나 대만의 수교국들이 대만과 단교하고 중국과 수교를 맺도록 하는 조치를 취했다.

이와 함께 중국은 대만에 대해 "처벌과 보상"이라는 이중 전략을 기조로 삼아, 민진당 집권기에 들어선 이후 처벌적 조치를 더욱 강화하는 동시에 보상적 조치도 강화했다. 대만 입장에서는 이러한 이중전략이 장기적으로 큰 압박이 될 것이다. 처벌적 태도는 주로 대만 정부를 겨냥한 것으로, 국제무대 진출 봉쇄 및 군사행동 등이 이에 해당한다. 2019년 3월부터는 20여 년 만에 처음으로 중국 전투기들이 대만해협의 중간선을 넘어서고, 대만 서남 지역의 방공식별구역(ADIZ)을 빈번하게 침범하고 있다. 2019년 6월 발표된 중국의 주요 내부 보고서에는 대만에 대한 군사적 압박을 강화하는 것이 중국의 공식 정책이라고 적시되어 있다.[5] 독립을 추구하는 활동에 대해서는 단호히 대응하고, 대만 동포에 대해서는 복지를 보장하는 동시에 중국에서 동등한 대우를 누릴 수 있도록 제도와 정책을 개선하며, 교류 협력 및 융화를 위해 적극적으로 나서겠다는 것이 대만 문제에 대한 중국의 전략 구상임을 잘 보여준다. 2022년 가을 개최되는 20차 당대회까지는 이러한 기조가 유지될 것이다.

반면 대만의 민진당 정권은 이러한 중국의 이중전략이 근본적인 해법이 될 수 없다고 주장한다. 그리고 중국이 대만 문제에 대한 명쾌한 해법을 갖고 있지 않기 때문에, 자신들이 집권하는 2024년까지는 대만에 대해 전략적 인내를 이어갈 것으로 전망한다. 민진당 전략가들도 중국 지도부가 대만에 대해 우대 정책과 융화의 촉진을 강조하면서도 군사적 위협을 늦추지 않는 강온 양면책을 복합적으로 운용할 것이며, 이것이 앞으로 대만에 대한 기조가 될 것이라고 전망한다. 또한 미국이 대만의 반도체 산업 및 공급망을 중시하고 있기 때문에 대만의 전략적 가치가 높아졌고 대만이 미국과 더욱 긴밀한 관계를 유지해야 한다는 주장도 대만 내에서 나오고 있다.[6] 이러한 맥락에서 볼 때, 2025년 1월 대만 총통 선거는 큰 삼각관계와 작은 삼각관계에 중요한 변수가 될 것이다.

미중 갈등 속에서 상승하는 대만의 전략적 가치

트럼프 행정부 시기에 미중 양국은 무역 분야에서의 갈등을 시작으로 기술 분야로 확전한 데 이어 전면적인 전략 경쟁으로 갈등의 수위를 높여왔다. 바이든 행정부 역시 집권 이후 중국에 대한 강경한 접근을 지속해오고 있다. 다만 트럼프 대통령의 "미국 우선주의" 접근과 달리 중국 견제를 위한 동맹 간의 협력을 강조하며 반중 연합전선 구축을 외교정책의 이니셔티브로 삼았다.[7] 바이든 행정부는 중국과의 관계성을 이른바 3C, 즉 협력cooperation, 경쟁competition, 대립confrontation으로 규정하고 있는데, 바이든 대통령 스스로 미중 관계를 "강력한 경쟁stiff competition"으로 정의함으로써[8] 앞으로 양국 관계가 장기적으로는 경쟁과 대립 사이를 시계추처럼 오가면서 피치 못할 이슈의 영역에서만 협력이 이뤄질 가능성이 높아졌다.

2021년 4월 미 상원 외교위원회는 〈2021년 전략 경쟁 법안Strategic Competition Act of 2021〉을 통과시켰는데, 여기에는 미 의회가 수립한 초당적인 대중국 전략 지침이 담겨 있다. 백악관 국가안보회의 인도태평양 조정관인 커트 캠벨Kurt M. Campbell은 "미중 간 전략적 관여strategic engagement의 시대는 끝나가고, 양국 관계가 치열한 경쟁의 시기에 접어들었다"고 평가했다. 이제 미국은 단기적인 이익보다는 장기적인 패권 유지를 염두에 두고 중국의 잠재적 도전을 선제적으로 저지하는 데 우선순위를 두고 있는 것이다. 미국 내에서도 코로나 팬데믹의 영향으로 반중 정서가 팽배해 있기 때문에, 2022년 11월의 중간선거 등을 고려한다면 기성 노선으로 돌아가 중국에 대해 관여적인engaging 스탠스를 취하기는 당분간 어려울 것이다.

한편 역사학자 니얼 퍼거슨Niall Ferguson은 대만해협을 둘러싼 긴장이 한창 고조되고 있을 때 "대만을 얻는 자가 천하를 얻는다"는 주장을 제기해 관심을 모았다.[9] 앞으로 미국과 중국의 패권 경쟁에서 대만해협이 가장 중요한 갈등 지점이자 패권의 향배를 결정짓는 곳이 될 것이라고 전망한 것이다. 팬데믹 위기와 경제 회복이라는 국내 과제로 인해 미국이 대만해협에서 충돌이 발생했을 때 물러설 가능성을 우려하면서, 미국이 대만을 포기하면 인도태평양 지역에서 미국의 패권은 끝날 것이라고 경고한 것이다.

미중 간의 전략 경쟁이 구조화되고 장기화될수록 미국이 동아시아에서의 영향력과 패권적 지위를 유지하기 위해서는 대만을 더욱 중시할 수밖에 없다. 대만해협에서의 항행 자유는 남중국해 및 동중국해에서 미국의 이익과 긴밀하게 연결되어 있다. 이 해협은 항해 및 항공 노선뿐만 아니라 글로벌 통신 및 인터넷, 그리고 네트워크 안보 영역에서도 중요한 위치를 점하고 있다. 지정학적으로 동북아와 동남아로 모두 통하는 세계 공역상의 핵심적 위치에 자리하고 있기 때문이다.

그리고 중국의 전략을 관찰하고 해독하는 정보적 차원의 가치 또한 갖고 있다. 미중 간의 기술 경쟁이 패권 경쟁의 게임체인저가 될 수 있기 때문에 반도체 생산 및 공급망 재편이라는 경제 안보적 차원에서도 대만의 중요성은 훨씬 높아졌다. 중국이 대만해협을 장악하면 일본과 한국으로 통항하는 유조선 수송을 억제할 수 있고, 이를 주일미군과 주한미군의 철수를 요구하는 카드로 사용하여 미국을 아시아에서 퇴출시키는 목표를 달성할 수도 있다.

한편 중국공산당은 체제 정당성의 유지와 "중화민족의 위대한 부흥" 실현이라는 차원에서 대만과의 통일을 당위적 과제로 삼고 있다. 특히 중국의 통일과 양안 문제 해결을 자신의 정치적 유산으로 삼으려는 시진핑의 의지로 인해 대만은 미중 두 강대국의 경쟁과 대결의 최전선에 서 있다.

바이든 행정부 집권 직후 보수 성향의 싱크탱크인 랜드 연구소Rand Corporation에서 전략적 수축론에 기반하여 '대만 포기론'을 주장하는 보고서가 나오기도 했는데, 이는 대만해협에서 중국과의 군사적 충돌이 미국에게 유리하지 않다는 현실주의적 시각을 보여준다. 하지만 현재 미국의 입장에서 대만의 전략적 가치를 고려하면 바이든 행정부가 '대만 포기론'을 수용할 가능성은 높지 않다. 2021년 2월 미국 의회 산하 미중경제안보검토위원회U.S.-China Economic and Security Review Commission(USCC) 청문회에서는 중국의 대만 침공을 저지할 방안이 폭넓게 논의되었다. 또한 미국이 대만을 지렛대로만 활용하려 한다는 이미지를 불식시키고, 양안 관계가 평화적으로 해결되도록 유도해야 한다는 자성의 목소리도 나왔다.

흔들리는 미국의 전략적 모호성 정책

미국과 중국이 대만 문제에서 '하나의 중국'을 서로의 레드라인으로 삼으며 유지해온 "전략적 모호성"은 트럼프 행정부 시기에 균열이 일어나면서 대만해협의 안정을 뒤흔들어 놓았다. 바이든 행정부 출범 이후 미국 조야에서는 대만 문제에서 '전략적 모호성' 정책을 거두고 '전략적 명확성' 정책으로 전환해야 한다는 논쟁이 벌어졌다. '전략적 모호성' 정책은 중국이 군사적 위협을 통해 대만이 원치 않는 통일을 추진하는 것을 저지하는 동시에, 대만이 공식적이고 법적인 독립으로 나아가려는 움직임도 저지하려는 의도를 담고 있다. 하지만 미국이 취하는 '전략적 모호성' 정책은 중국과 대만을 모두 불확실한 상태에 놓이게 함으로써 양측의 극단적 행동을 효과적으로 억제하는 측면은 있지만, 중국과 대만이 최악의 시나리오를 계획할 수밖에 없도록 만드는 측면도 있다.

즉 중국은 미국이 대만을 방어할 것인지, 방어한다면 어떻게 방어할 것인지 모르기 때문에 미국이 대만을 강력하게 방어할 것이라는 가정하에 군사작전을 세우게 된다. 반면 대만은 자신의 행동이 중국의 군사적 대응을 불러일으킬 경우 미국의 군사적 지원에 의존할 수 없다는 가정하에 행동하게 된다. 그래서 최근 미국의 전략가들 사이에서는 이 정책이 미중 전략 경쟁 시대에 맞지 않기 때문에 미국이 '전략적 명확성' 정책으로 전환해야 한다는 주장이 나오고 있다.[10] 대만 해협에서 힘의 균형이 비대칭적으로 변하면서 중국의 군사적 위협이 대만이 독립을 선언할 위협보다 훨씬 커졌기 때문이다.

반면 셸리 리거Shelley Rigger 등의 학자들은 '전략적 명확성' 정책에 반대한다. 우선 중국이 이미 대만에 군사적 압력을 행사하고 있고 직접적인 군사행동이 아니더라도 다양한 강압적 옵션들을 갖고 있기 때문에, 가령 중국의 회색지대 전술 등에 대해 미국이 효과적으로 대응하기 어렵다는 것이다. 또한 미국이 효과적으로 대응하기 위해 전략적 명확성 정책을 취할 경우, 중국과의 긴장이 고조되어 대만을 포함해 그 인접 지역 및 세계를 위험에 빠뜨릴 수 있다는 점을 우려한다. 미국이 중국처럼 레드라인을 만든다고 해도 레드라인을 정의하기가 매우 어렵고 구속적일 수 있다는 것이다. 따라서 모호성 전략을 통해 신중함과 유연성을 유지할 것을 주장한다.[11] 또한 미래 대만 사회가 독립 지향적 정치 성향을 단념할 거라고 확신할 수 없기 때문에, 대만 보호에 대한 미국의 무조건적 공약은 대만 국내 정치의 세력균형을 무너뜨릴 수 있고 미국의 이익에도 부합하지 않을 것이라는 점을 지적한다.

04

중국의 군사력 강화와
대만의 대응 태세

시진핑 시기 중국인민해방군의 군사력 굴기

중화민국의 국민당 정권이 대만으로 퇴각한 이래, 대만해협에서는 세 차례 정도 군사적 위기가 있었다. 그중 가장 심각했던 위기는 1995~1996년에 발생했다. 대만 최초의 직선제로 치러진 총통 선거를 앞두고 당시 리덩후이李登輝 총통이 '하나의 중국' 정책에 부정적 입장을 취하며 선거 국면을 주도하자, 이에 중국이 반발해 경고를 하면서 긴장 국면이 펼쳐진 것이다. 당시 중국은 대만해협을 향해 미사일을 시험 발사함으로써 대만의 총통 선거에 영향을 미치고 대만 여론을 압박하려고 했다. 그러나 미국의 클린턴 행정부가 항공모함 2척을 대만해협에 전진 배치하면서 중국의 도발을 저지했고, 결국 리덩후이 총통은 대만 최초의 직선제 총통 선거에서 승리하며 계속 집권할 수 있었다.

당시 미국의 항공모함 전단이 대만해협에 진입하여 대만해협의 제해권과 제공권을 모두 장악하자 중국인민해방군은 미군에 맞서는 것을 포기했다. 당시 좌절의 경험은 중국 공산당 지도부에 큰 열패감을 안겨주었고, 다시는 그때의 전철을 밟아서는 안 된다는 교훈을 남겼다. 중국은 대만해협에서의 불리한 군사력을 만회하기 위해 힘을 쏟아부었다. 그 결과 20여 년이 지난 현재 인민해방군의 군사능력은 그때와 비교할 수 없는 수준으로 발전했다.

미 국방부가 발간한 〈2020년 중국 군사력 보고서2020 China Military Power Report〉에 따르면, 중국이 서태평양 제1도련선* 내에 구축한 반접근 및 지역 거부 전력은 매우 강력하며 중국의 미사일 능력도 상당히 강화되어 대만해협에서 미중 간 무력

---

* 도련선島鏈線, island chain은 중국군이 설정한 해상 방어선이다. 태평양의 섬을 이은 가상의 선線으로 중국 해군의 작전 반경을 의미한다. 미국과 일본 입장에서는 중국 해군력의 팽창을 저지해야 하는 경계선이기도 하다. 제1도련선은 쿠릴열도-일본-대만-필리핀을 잇는 선이고, 제2도련선은 오가사와라-괌-사이판-파푸아뉴기니로 연결된다.

충돌이 발생할 경우 미국에 승산이 없다고까지 분석하고 있다. 또한 중국이 전함 건조 능력과 재래식 탄도·순항 미사일 규모, 통합 방공망 구축 등의 분야에서 이미 미국과 동등하거나 미국의 능력을 넘어섰다고 평가했다. 핵전력에 있어서도, 중국이 현재 보유한 핵탄두는 200기 초반대의 수준이지만 "향후 10년 안에 2배가량 늘어날 것"이며, "미 본토를 위협할 수 있는 지상 기반 대륙간탄도미사일(ICBM) 탄두도 5년 안에 200기까지 늘릴 수 있을 것"이라고 전망했다. 또한 인공지능(AI)을 비롯한 첨단기술과 경제 분야에서 '민군 융합 발전'이 지속적으로 추진되고 있다고 분석했다.[12]

중국인민해방군의 군사전략은 외부의 침입으로부터 영토를 보전하고 대만과의 통일을 이룩해야 한다는 역사적 요구에서 출발한다. 중국군 지도부는 1991년 걸프전쟁을 목도한 후 미래전의 성패가 첨단 군사기술의 획득 및 운용에 달려 있다고 판단하고, 1993년에 '첨단기술 조건하의 국부전局部戰' 전략을 채택했다. 이 전략은 대만과의 무력충돌 상황을 고려한 것으로, 중국군 현대화의 핵심이 대만을 위협할 수 있는 군사적 수단의 확보 및 미국의 대만 개입 저지 능력을 갖추는 데 있음을 보여준다. 후진타오胡錦濤 시기에 들어선 후 중국군은 '정보화 조건하의 국부전' 전략을 새롭게 주창했다. 이 전략은 제한된 국부전을 상정하고 있는데 미국, 러시아, 일본 등을 고도의 무기체계와 인공위성에 의한 정찰 능력, 나노 기술 등을 보유한 강대국이자 미래 중국군의 라이벌로 상정했다.[13]

시진핑 체제에 들어선 중국은 전면적인 군 개혁을 실시했다. 2015년 말 시작된 중국인민해방군(이하 '중국군')의 개혁은 인사, 조직, 전력, 군수, 훈련, 동원 등 전 분야에 걸쳐 실행됐다. 가장 큰 변화는 수적인 측면에서 이루어졌는데, 중국군의 병력이 230여만 명에서 200여만 명으로 감축됐다. 현재 육군은 약 100만 명, 해군은 30만 명, 공군은 40만 명, 로켓군은 10만 명, 전략 지원 부대는 15만 명으로 알려져 있다. 항공모함을 포함한 각종 함정의 수가 증가했기 때문에 향후 해군 병력은 지속해서 증가할 것으로 예상된다. 특히 주목할 것은 중국 해병대(해군 육전대) 규모가 2015년 약 1만 명에서 2020년 8개 여단 4만여 명으로 크게 증가했다는 점이다.[14]

2021년 미 국방부는 중국의 군사적 팽창 및 활동에 초점을 맞춘 중국 군사력 보고서를 발표했다. 보고서는 중국군의 군함 건조 가속화를 비롯하여 우주, 인터넷 공간, 전자기 작전 및 핵무기 분야에서의 최신 발전 상황을 중점적으로 다루면서, 중국이 앞으로 대만에 대한 군사적 압박을 강화해나갈 것으로 전망했다.[15] 또한 중국군의 인공지능 응용, 생화학무기 연구와 함께 심리전, 여론전, 법률전과 같은 비전통적 작전 수단을 활용하는 능력에 주목했고, 그 외에 과거에 다루지 않던 다영역 작전 개념, 둥펑-17 극초음속 미사일 등에 대해서도 분석했다.

보고서는 특히 중국군의 원양작전능력이 대폭 향상되었다고 평가하면서, 중국 해군이 부단히 진수하는 052D 구축함, 배수량 1만 톤급 이상의 055 구축함, 075 상륙함, 그리고 중국이 자체 건조한 항공모함에 주목했다. 그리고 64기의 수직형 미사일 발사기와 위상배열레이더 시스템을 탑재한 052D 구축함 25척이 진수된 것으로 분석했다. 112기의 수직 미사일 발사기를 장착한 055 구축함은 미사일 순양함으로 정의되기도 하는데 이미 8척이 진수되어 있다. 055 구축함은 중국군의 강습상륙함 또는 항공모함의 방공 우산 역할을 하며, 상륙 함대나 항모 타격단을 함께 구성해 중국 해군의 원양작전능력을 크게 향상시킨 것으로 평가했다. 다만 현재 건조 중인 003형 항공모함의 취역 시기는 예상보다 1년 늦은 2024년이 될 것으로 전망하면서, 이는 팬데믹의 영향이거나 대형 항모 건조 기술이 아직 성숙되지 않아서일 것으로 추정했다.

아울러 보고서는 중국의 공군력 강화 움직임에도 주목했다. 우선 2인승 모델인 J-15S에서 개량된 J-15D 전자전 전투기가 이미 운용되고 있을 가능성을 언급했다. 또한 미 해군 E-2C/D 조기경보기와 매우 유사한 신형 Air Police-600 함재 조기경보기를 집중적으로 테스트하고 있다고 파악했다.[•] 항공모함 기반 전자전 전투기와 조기경보기의 보유는 중국의 항공모함 전투 능력을 더욱 강화할 것이다.

중국군이 대만 침공을 성공적으로 결행하기 위해서는 합동작전능력을 강화해야 한다는 분석에 따라, 중국 중앙군사위는 2020년 말 〈중국인민해방군 합동작전 개요(시행)〉를 발표하고 군종 및 영역 간 합동작전 능력 강화를 추진 중이다. 이는 미군이 적극 추진해온 "합동 전 영역 작전Joint all-domain

---

• Air Police-600 함재 조기경보기는 미국보다 2세대 앞서 있는 것으로 평가되며, 미국과 일본의 대만해협 개입을 차단하는 역할을 할 것이다.

operation(JADO)"이나 신설된 "다영역 임무군Multi Domain Task Force"과 매우 유사하다. 이러한 분석들은 중국군이 하드웨어적인 측면에 국한하지 않고 지휘통제 차원에서 현대화 개혁을 추진하고 있으며, 정보 공유와 병참 지원 측면에 더 많은 관심을 기울이고 있음을 보여준다. 이는 2015년 창설된 "중국인민해방군 전략지원군(SSF)"이 제5군종으로 계속 발전 중이라는 증거이기도 하다.

펜타곤의 2021년 중국 군사력 보고서는 군사력을 적극적으로 발전시키고 군사력 투사의 범위를 확대하려는 중국의 노력을 잘 보여준다. 또한 경제·외교 분야에서뿐만 아니라 군사 분야에서도 미중 경쟁 양상이 더욱 뚜렷해지고 있음을 보여준다. 이러한 추세는 앞으로 대만이 감당해야 할 군사적 압박이 더욱 커질 것임을 시사한다.

미 연방의회 산하 자문기구인 미중경제안보검토위원회도 2021년 발표한 보고서에서 대만해협의 안보 위기를 평가하고 우려를 나타냈다. 보고서는 대만해협의 정세와 관련해 양안 간 전쟁 억제의 상황이 위태롭고 불확실한 시기에 진입했다고 진단했다. 특히 중국군이 2만 5,000명 이상의 병력을 대만에 상륙시키고 민간 선박을 동원할 수 있는 침공작전

초기 단계에 필요한 능력을 갖췄다고 분석했다. 중국 지도부의 대만 침공 능력 확보 의지가 커지면서 중국군이 이미 대만에 대한 공중·해상 봉쇄, 사이버 공격, 미사일 공격 등에 필요한 능력을 획득한 것으로 평가한 것이다. 가령 중국은 대만 공격용 중거리미사일도 30기에서 200기로 늘렸으며 신형 수륙양용함 보유 수도 늘렸다. 보고서는 중국군의 군사적 능력이 미국의 억제 정책을 무력화할 수 있는 수준에 도달했다고 평가하고, 대만에 대한 미국의 군사개입 능력이나 의지가 없으면 대만해협에서 중국 지도부의 의지가 실현될 수 있는 상황에 도달했다고 분석했다.

대만의 대응 태세

대만 국방부가 입법원에 제출한 〈2020년도 중공 군사력 보고서(中共軍力報告書)〉는 인민해방군의 군사능력을 지역적 측면에서 좀 더 세밀하게 분석하고 있다. 보고서는 중국이 현 단계에서 대만에 무력을 행사하려고 할 경우 연합작전을 통해 군사 위협, 봉쇄작전, 미사일 타격, 상륙작전 등을 전개할 것으로 전망했다. 또한 중국군이 대만의 방공防空, 제해制海, 반격反擊 작전을 무력화할 수 있는 통신 교란 역량을 갖추고 있으며, 아울러 대만의 주요 항구와 대외 항로를 봉쇄하고 미사일 발사를 통해 대만의 지휘체계와 요충지에 타격을 가함으로써 대만의 전투 의지를 와해시킬 계획을 갖고 있다고 분석했다. 그러나 다른 한편으로 중국군이 대만해협의 지리적 요소에 대한 이해 부족, 상륙 장비 미비, 후방 보급 역량 부족 등의 요인으로 인해 아직은 대만 본토를 전면적으로 침공할 수 있는 연합작전능력을 완전히 갖추지는 못한 것으로 평가했다.[16]

대만 국방부가 2021년에 작성한 〈2025년 중국의 전면적인 대만 침공에 대응하는 대만군 전력 강화방안〉에서도 중국군의 연합작전능력을 살펴볼 수 있다. 보고서는 상륙작전을 수행하기 위한 수송 장비 부족, 중국군의 후방 보급 능력 부족, 대만과 인접한 미국 및 일본 기지가 중국의 공격을 엄밀하게 모니터링할 수 있다는 점 등 중국군의 세 가지 취약점을 언급하고 있다. 우선 중국이 대만을 점령하기 위해서는 대규모 부대가 상륙해야 하는데, 수송 장비 부족은 병력의 분산으로 이어져 전력상 우위를 점하기 어려우며, 또한 중국군의 대만 침공 시 중국군의 군수보급에 타격을 주면 상륙부대의 전력과 작전 수행에 심각한 차질을 빚을 수 있다는 것이다. 따라서 대만 국방부는 중국군이 대만을 침공하기 전에 함대를 서태평양에 집결시켜 대만을 전략적으로 포위한 뒤 '연합 화력 타격'과 '연합 상륙작전'을 실행해 대만의 항복을 받아내는 전략을 펼 것이라고 분석하고 있다. 추궈정 대만 국방부장은 대만 입법원에 출석해, 중국이 이미 대만을 침공할 역량을 갖췄지만 그에 수반되는 상당한 비용을 치러야 하는 데 2025년경이면 그 비용이 낮아지면서 전면적으로 대만을 침공할 능력을 갖추게 될 것이라고 전망했다.[17]

대만은 중국군의 공격을 비대칭적으로 방어하기 위해 여러 조치들을 취해왔다. 무엇보다 중국군의 침공 및 봉쇄에 반격할 수 있는 미사일 개발에 성공했다. 그럼에도 불구하고 수십 년간 국방력에 대한 투자가 부족했기 때문에 심각한 도전에 직면해 있는 게 사실이다. 중국군의 봉쇄를 견디는 데 필요한 주요 자원의 비축량도 부족하다. 이러한 국방력의 한계를 보완하기 위해 대만은 최근 2,400억 대만 달러(미화 약 86억 달러, 한화 약 10조 원)의 특별 국방예산을 책정했다. 그리고 이 예산으로 8종의 무기체계를 구매해 해상 및 공중전 능력을 강화할 예정이다. 대만 입법원이 2021년 11월 23일 대만 국방부가 제안한 총액 2,400억 대만 달러에 달하는 "해상 및 공군 전투력 강화 프로그램 조달에 관한 특별 조례"를 승인한 것이다.[18] 중국군의 위협이 엄중한 상황에서 대만의 이번 특별예산 책정은 "전쟁 준비를 통한 전쟁 억제"의 자위적 의지를 대내외적으로 드러내는 것이기도 하다.

공개된 정보에 따르면, 해당 특별예산은 8개 사업에 사용될 예정이다.[19] 미사일 관련 지상 기반 방공시스템, 야전 방공시스템, 해안 대함 미사일 시스템, 완젠탄万劍彈 미사일, 슝펑雄風 미사일 시스템, 무인 공격 항공기 시스템 등이다. 또한 해군 고효율 함정의 후속 양산, 해군 순시선 증강 무기체계 (드론 탑재) 등 방위 작전에서 방공 및 제해, 전시 태세 전환, 원천 타격 등을 주요 내용으로 하는 신속한 전력증강 사업에 사용될 예정이다. 슝펑 미사일 시스템은 최대 사정거리가 1,200킬로미터로 상하이上海 및 싼샤三峽댐도 타격할 수 있으며, 완젠탄 미사일은 중국 동남부 연안의 미사일 기지 등을 공격할 수 있는 것으로 알려져 있다.[20]

미국이 대만을 효과적으로 지원하기 위해서는 미국의 동맹국과 협력국들이 어떻게 대응할 것인지에 대한 검토가 필요하다. 미국이 대만을 방어하는 데 역내 국가들의 지지가 결정적이기 때문이다. 국제전략문제연구소Center for Strategic and

International Studies(CSIS)의 보니 린Bonny Lin은 중국이 대만을 공격할 경우 미국의 동맹국과 협력국의 대만 지원 의지에 영향을 미칠 요소들을 다섯 가지로 정리했다.[21] 첫째, 중국과 대만의 구체적인 행동 가운데 어떤 것이 더 정당성을 결여하고 있는가. 둘째, 대만이 동맹국과 협력국에 갖는 중요성. 셋째, 중국이 동맹국과 협력국에 보복할 기능성과 중국 국력 상승의 정도. 넷째, 동맹국 및 협력국이 미국과 맺고 있는 관계 수준과 미국이 제공할 수 있는 이익. 다섯째, 군사적 충돌에 개입하는 과정에서 동맹국과 협력국의 국내 정치적·법률적·외교적 정책 등에 따르는 제약 요인들이다.

이상의 다섯 가지 요인들에 근거하여 평가해보면, 미국의 대만 방어에 군사적 지원을 할 가능성이 가장 높은 나라는 일본과 오스트레일리아다. 이 두 나라는 미국이 자국 영토 내의 군사기지에서 작전을 수행할 수 있도록 허용할 가능성이 높으며, 잠재적으로 자국 군대를 직간접적으로 전투에 참여시킬 가능성도 배제할 수 없다. 반면 인도, 필리핀, 한국, 싱가포르, 태국, 베트남 등은 불확실한 범주에 속한다. 이 나라들은 중립을 지키거나 정보 공유, 제한적인 인도주의적 군사지원에 그치려고 할 것이다.

군사적 갈등이 확대되면 해당 지역 국가들이 개입할 가능성이 높은데, 중국은 미군 또는 동맹군 기지를 조기에 공격하거나 위협함으로써 미국과 동맹국의 개입을 무력화하려고 할 것이다. 또한 중국은 유사시 미국의 지원 전력이 대만이나 동중국해·남중국해 지역에 전개되는 것을 저지하거나 지연시킴으로써 신속하게 군사 목표를 쟁취하고 정치적 목적을 달성하려고 할 것이다. 예컨대 대만해협 유사시 대만을 공격하는 것과 동시에 일본에 위치한 미군기지와 활주로도 미사일로 타격하여 미 공군의 즉각적인 출동을 방해하는 한편, 우주 공간에 배치된 미국의 군사위성을 파괴하여 지휘·통제·통신·컴퓨터·정보·감시 및 정찰(C4ISR) 체계를 마비시키는 전략이 예상된다.

중국의 대만 침공에 대한 군사적 전망

중국이 대만을 침공할 경우 중국에는 어떤 부메랑효과가 발생할까? 시진핑 체제의 중국은 건국 100주년이 되는 2049년에 세계 최강국이 되겠다는 목표를 천명했다. 이를 위해 중국군은 강군 건설을 위한 여러 목표를 설정했고, 서태평양에 진입하는 능력과 대만을 점령할 수 있는 능력뿐만 아니라 미군과 맞설 능력을 갖추는 미래 목표도 상정했다. 그런 데 섣불리 대만을 침공할 경우 이 목표 달성이 지연될 수 있다. 중국이 전쟁을 일으키면 막대한 비용이 발생하고 국제사회의 비판과 국제정치적 제약, 강대국의 군사개입 등 여러 연쇄효과에 직면할 것이기 때문이다. 따라서 만일 중국군이 대만을 침공할 계획을 세우고 있다면, 최단 시간 내에 대만의 조직적인 저항을 와해하고 대만의 분리주의 세력을 전멸시킴으로써 대만 전체를 점령하고 대만으로부터 완전한 항복을 받아내는 "속전속결" 전략을 도모할 가능성이 높다.[22]

중국군은 작전 공간 측면에서도 대만 동쪽의 서태평양으로 확장하려는 경향을 보여, 대만 본섬을 중심으로 동쪽과 서쪽 양면에서 동시에 협공하는 태세를 갖추기 위해 훈련하고 있다. 병력을 대만 동부 해역에 배치함으로써 대만 공군의 근거지인 가산기지佳山基地를 비롯한 대만군의 전력보존구를 공격하고 동시에 미군의 군사개입에 대응한다는 전략이다. 중국군은 군사계획을 수립하면서 미군의 개입을 상정했기 때문에 대만을 공격하는 동시에 미군의 개입을 저지할 준비를 갖춰야 한다. 미군의 개입은 중국군에게 최악의 상황이지만, 중국군이 이런 상황을 극복할 수 있는 군사적 능력을 갖춘다면 더 이상 중국군을 막을 수 있는 방법은 없다.

중국군이 대만 본섬 이외의 부속 도서(평후澎湖, 진먼金門, 마주馬祖, 둥사東沙 군도 등)를 점령하는 등 대만을 겁박해 통일의 목표를 달성하거나 대만 경제에 영향을 줄 수 있는 해상 및 공중 봉쇄를 취할 가능성은 매우 낮아 보인다. 왜냐하면 이러한 조치는 군사작전 중단으로 이어지고 속전속결을 지연시켜 미군이 개입할 시간을 줄 수 있기 때문이다. 따라서 대만에 대한 중국의 무력침공 가능성을 전망하기 위해서는 역으로 중국군이 속전속결의 작전능력을 확보하고 있는지를 먼저 진단해보아야 한다.

그리고 대만군은 중국군에 비해 몇 가지 우세한 능력을 보유하고 있다. 예컨대 강력한 조기경보시스템, 중국 동해안에 대한 합동 타격 능력, 강력한 합동 대공방어 능력 등 전체적으로 방어 능력이 우수하다고 평가된다. 반면 중국군은 핵심 전력 부족의 문제를 안고 있다. 예컨대 항모 전단의 조기경보 범위가 좁고, 타격 능력이 약하며, 공중급유 능력이 부족하고, 해양 감시 및 추적 범위도 제한적이다. 또한 서태평양에서 미 군함을 타격할 수 있는 대함 탄도미사일 능력도 제한적인 것으로 판단된다. 요컨대 제2도련선에 가까워질수

록 중국군의 군사능력에 빈틈이 보이는 것이다.[23]

중국군의 대만 무력 침공은 전략 투사의 원활성에 달려 있다. 인민해방군은 1차 공세에서 해상과 공중으로 최소 12~15개 여단을 보내야 하는데, 2018년 말 기준으로 4~6개의 여단을 투사할 능력만 보유하고 있다. 게다가 중국군의 합동자전능력은 아직 초기 단계에 머물고 있으며 후방 지원 속도도 충분하지 않다. 결론적으로, 중국군이 대만 침공에 성공할 수 있는 조건을 갖추려면 시간이 더 걸릴 것으로 보인다. 중국군이 설정한 목표는 2035년까지 국방력의 현대화(서태평양에서 미군과 겨룰 수 있는 능력의 확보)를 실현하고, 2050년까지 세계 각지에서 미군과 경쟁할 수 있는 능력을 확보하는 것이다. 이러한 목표 달성을 위해 중국군은 계속 전열을 정비해나갈 것이다. 인민해방군은 핵심 전력을 구성하는 항공모함, 상륙함, 대형 수송기 등의 수량을 계속 늘리면서 군사동원 속도를 높이려고 한다. 이렇게 중국군의 침공 시간이 단축되면 대만의 기초 인프라와 정부기능은 빠르게 마비되고 의료 시스템도 붕괴될 것이며, 허위 정보가 대만 여론을 흔들어버릴 것이다. 시가전이 예측보다 빨리 발생하면서 민간인의 피해 규모도 훨씬 커질 것이다.

중국군의 대만 침공은 여전히 고위험high-risk의 선택지에 해당한다. 대만 침공작전이 성공하려면 중국군은 더 발전된 사이버 공격 능력, 미사일 공격 및 봉쇄 능력을 갖춰야 한다. 또한 대만의 방어력을 충분히 약화, 고립, 격파할 수 있어야 하고, 결정적으로 미군의 개입을 방지할 수 있는 반접근 및 지역 거부 능력을 갖춰야 한다. 요컨대 중국의 대만 침공 여부와 시기는 군사적 문제라기보다는 정치적 결단의 문제다. 미국과의 직접적인 군사적 대결로 이어질 수 있는 가능성, 중국 경제가 막대한 피해를 입을 가능성, 전쟁을 일으킨 중국을 처벌하고 봉쇄하려는 국제사회의 국가연합 결성 가능성 등을 감수해야 하기 때문이다.

만일 대만해협에서 전쟁이 발생한다면 이는 중국 지도자들이 미국의 능력과 의도를 오판하는 것에서 비롯될 공산이 가장 크다. 즉 중국이 미국은 대만해협에서 발생한 유사 사태에 군사적으로 개입할 능력이 부족하거나 정치적으로 개입할 의사가 없다고 생각할 때 대만 침공이 일어나거나 전쟁 억제에 실패할 가능성이 높다. 만약 중국 지도자들이 오판하여 미국의 모호한 태도를 중국이 대만을 침공하더라도 미국이 단호하게 대응하지 않을 것이라는 신호로 받아들인다면, 대만해협의 안보 위기는 현실화될 것이다. 또한 기꺼이 위험을 감수하고 역사적 유산을 남기려는 열망을 지닌 시진핑의 태도 역시 미국의 경고에도 불구하고 대만을 침공하게 만드는 요인이 될 수 있다.

05

양안 관계 평화의 길

현재 양안의 정치적 상호 신뢰가 낮은 상황에서 민간의 대립 분위기는 계속 고조되고 있으며, 대만해협 부근에서 중국군의 군사 활동은 증가하고 있다. 그럼에도 양안 당국의 소통 부족과 군사적 충돌을 방지할 메커니즘이 없다는 점은 큰 문제다. 미국의 대표적 대만 전문가인 브루킹스연구소Brookings Institution의 리처드 부시Richard C. Bush는 미래의 양안 관계에 대한 네 가지 시나리오를 제시한 바 있다.[24]

첫 번째는 "설득의 과정을 통한 평화통일"이다. 이 노선을 실현하려고 노력했던 대표적 인물이 마잉주 총통인데, 그는 정부가 대만 국민을 설득해 점진적으로 통일을 향해 나아가

는 노선을 추진했다. 중국과 평화적 관계를 유지하든 통일에
이르든, 다수의 사람들이 이익을 누리는 구조를 만들기 위해
정부가 국민을 설득해야 한다고 주장했다. 그러나 이 노선은
2014년 해바라기운동 이후 대만인들의 지지를 잃었고, "평
화적 설득"이 다시 주류 담론으로 복귀할 가능성은 낮아진
것이 현재 대만 사회의 정치적 현실이다. 따라서 실행 가능
성이 명확하게 보장되어야만 중국공산당 지도부를 "평화적
설득"의 노선으로 돌아가게 할 수 있을 것이다.

사실 설득을 통한 평화통일은 민주적인 대만 사회에서 이
뤄지기 어렵고, 대만 사회의 정체성 추이를 보면 갈수록 어
려워질 것으로 전망된다. 중국이 생각하는 평화적 설득을 통
한 통일 방안은 여전히 "일국양제"인데, 이 방식의 통일 담론
은 대만 사회에서 좀처럼 환영받은 적이 없고 현재는 더더
욱 그렇기 때문이다. 대만 사회의 여론과 민심 측면에서 보
면, 중국이 홍콩 문제를 다루는 방식 때문에 일국양제 방식
의 가능성은 완전히 훼손되었다. 중국이 제기한 일국양제 방
식의 통일을 신뢰할 수 없다고 줄곧 여겨왔던 대만인들은
홍콩을 보면서 더욱 분명한 확신을 갖게 되었기 때문이다.

두 번째는 "전쟁을 통한 통일"이다. 중국이 무력을 동원하

여 대만을 통일하는 것은 매우 모험적인 동시에 실현되기가 쉽지 않다. 그 이유는 우선 군사작전의 측면에서 찾아볼 수 있다. 인민해방군은 현재 수륙양용 작전 경험과 연합작전 수행 능력이 부족한 것으로 평가되고 있다. 게다가 미국이 〈대만관계법〉에 근거해 대만에 군사적 지원을 할 수 있기 때문에 전쟁은 간단한 문제가 아니다. 또한 최근 대만이 국방에 대한 위기의식이 강해져 종합적인 방위 구상Overall Defense Concept과 비대칭 작전 능력을 발전시키고 있기 때문에 인민해방군이 일거에 대만을 점령하기는 어렵다. 설령 중국이 전쟁을 통해 대만을 점령하더라도 대만에서 벌어질 엄청난 파괴가 불가피하고 중국의 국제적 이미지는 치명적인 타격을 받을 것이다. 이러한 이유들 때문에 중국이 전쟁의 모험을 감수하는 것은 최후의 수단으로 여겨진다.

세 번째는 "협박을 통한 비무력적 통일"이다. 평화적인 설득과 전쟁을 통한 통일 중간쯤에 있는 방식이다. 중국공산당 입장에서는 전쟁 위험을 감수할 필요가 없다는 이점이 있지만, 시간이 오래 걸리고 그 효력을 담보할 수 없다는 점도 감수해야 한다. 대만의 국제기구 참가를 방해하고 대만의 수교국이 대만과 단교하도록 만들거나 대만의 백신 확보를 방해하는 등 대만인들의 자신감을 꺾어버리고 미래에 대한 믿음을 떨어뜨리는 모든 방법을 동원하는 노선이다. 이 노선은 시진핑 체제가 양안 관계의 현황을 평가한 뒤 가장 자주 사용하는 전술로, 중국 내 통일 주장 세력의 압력에 대응하고 대내용 프로파간다를 통해 중국 국내 여론을 무마할 수 있게 한다.

네 번째는 "일국양제" 이외의 새로운 방식을 통한 통일이다. 이 방식은 중국 정부가 고려해본 적이 있는지 명확히 밝혀진 적이 없는, 이론상으로만 존재하는 노선이다. 일국양제 방식의 통일 노선은 1970년대 말 제기되었는데 대만이 그때와 많이 달라진 상황이기 때문에 중국 정부가 대만 사회의 큰 변화를 인지하고 다시 구체적인 통일 방안을 제기하는 방식이다. 1970년대와 달리 대만 사회가 민주화되었기 때문에 대만인들이 받아들일 수 있는 더욱 실용적인 접근이 필요하다. 마잉주 총통은 "통일이 좋은 일이라는 것을 알지만 대만인들의 동의가 필요하다"는 뜻을 중국에 전했고, 이러한 생각이 당시 중국 측에서도 받아들여진 바 있다.

대만 민주화 이후 미국도 대만에 대한 생가을 바꿨다. 2000년 클린턴Clinton 행정부는 "양안의 문제는 평화적으로 해결되어야 할 뿐만 아니라 대만인들의 동의를 얻어야 한다"고 양안 문제 해결의 전제조건을 제시한 바 있다. 이처럼 새로운 방식의 통일 노선은 대만인들의 의사를 최우선으로 삼아야 한다. 이러한 방식만이 궁극적인 통일을 가져올 수 있다. 이러한 인식하에 중국이 좀 더 대담한 구상을 제시할 수 있다면, 그것은 중국과 홍콩 모델의 연방제적 관계가 아니라 국가연합적 관계를 지향하는 방안이다. 이 방안이 대만인들의 수용도를 더 높일 수 있을 것이며, 미국의 이익에도 부합하고 상대적으로 안정적인 노선이 될 것이다.

일반적인 언론의 보도와 달리, 차이잉원 정부의 중국에 대한 태도는 천수이볜陳水扁 정부 시기와 비교했을 때 사실 급진적이라고 평가하기 어렵다. 차이잉원 정부의 "현상 유지 전략"의 기조는 기본적으로 마잉주 정부를 계승한 측면이 있다. 어떤 면에서는 오히려 중국이 더 현상을 변경하려는 모습과 내부의 절박성을 내비치고 있다. 시진핑은 정권 내의 매파와 비둘기파를 모두 아우르기 위해 어쩔 수 없이 움직여야 하는 압박에 시달리고 있고 이것이 양안 관계의 최대 변수로 작용할 수밖에 없다. 흥미로운 것은 리처드 부시의 네 가지 시나리오에 대만 독립이라는 선택지는 포함되어 있지 않다는 점이다. 갈수록 치열하게 전개되는 미중 경쟁 국면에서 대만이 중국에 싸움을 걸지 않아야 미국이 대만을 보호할 정당성이 생긴다고 생각했기 때문일 것이다.

한편 양안 평화협정은 중국과 대만이 적대적 상태를 끝내고 양안 통일의 토대를 마련하자는 구상인데, 평화협정 체결을 두고 대만 사회에서 오랜 논쟁이 있어왔다. 평화협성 구상은 1995년 장쩌민江泽民 중국 국가주석이 처음 제기했다. 당시 장쩌민 주석은 "장쩌민의 8가지 주장(江八点)"을 제기하면서 "하나의 중국 원칙"하에 양안 평화협정을 논의하자고 주장했다. 당시 대만에서는 별다른 반응을 보이지 않았다. 그러자 장쩌민은 2002년에 다시 "양안 간에 세 가지를 협상할 수 있다(三个可以谈)"는 연설에서 첫 번째로 "양안 간 적대적 상태의 공식적인 종식을 논의하자"고 제안했다. 이에 2007년 천수이볜 총통은 "만약 중국이 평화협정을 추진할 의사가 있다면 먼저 세 가지 문제를 해결해야 한다"고 주장했다. 중국이 '하나의 중국 원칙'이라는 틀을 포기해야 하고, 대만 무력 침공의 법적 근거인 〈반분열국가법〉을 폐지해야 하며, 대만을 겨냥하고 있는 중국 동남 연해에 배치된 988개의 전술 미사일을 제거해야 한다는 것이었다.

마잉주 총통은 2008년 총통 취임사에서 앞으로 중국과 양안 평화협정에 관한 협상을 진행하겠다고 선언했고, 2011년에는 양안 평화협정에서 열 가지가 보장되어야 한다고 주장했다. 핵심 내용은 "중화민국 헌법의 틀 아래에서 양안이 '불통不統, 불독不独, 불무不武', 즉 통일을 주장하지 않고 독립도 주장하지 않으며 무력을 사용하지 않는 현재의 상태를 견지하면서, 92컨센서스*의 기초 위에 양안 교류를 추진한다"는 것이었다. 그 전제조건으로 대만 국내 여론이 고도의 합의에 도달하고, 양안이 충분한 상호 신뢰를 쌓아야 하는데, 이를 위한 세 가지 원칙으로 "국가가 필요로 하고, 국민 여론이 지지하며, 입법원의 감독하에 심의를 거쳐야 한다"는 것을 제시했다. 차이잉원 현 총통은 2015년 당시 민진당 주석 신분으로 대만 사회가 양안 평화협정을 위한 마음의 준비가 되어 있지 않기 때문에 현 단계에서 이에 대해 논의할 필요가 없다고 주장했다. 반면 국민당은 2016년에 평화협정 구상을

• 1992년 11월 홍콩에서 중국과 대만의 협상 대표단이 '하나의 중국'을 인정하되 중화인민공화국과 중화민국 중 "어느 쪽이 중국을 대표하는지에 대해서는 각자의 해석을 존중한다(一中各表)"는 데 "암묵적으로" 합의한 것을 말한다.

정강에 포함시켰다.

평화협정과 관련해 두 가지 중요한 쟁점이 있다. 첫째, 국제법 학자들 사이에서 평화협정Peace accords은 평화조약Peace treaty과 다르기 때문에 중화민국의 주권을 심각하게 약화시킬 것이라는 비판이 제기되고 있다. 평화조약은 국가와 국가 간에 체결되는 문서로 국제법적 구속력을 갖지만, 평화협정은 〈조약법에 관한 비엔나 협약〉에 따른 국제법적 구속력이 없으며 한 나라 내 두 정부의 충돌을 해결하기 위한 것이다. 따라서 평화협정 체결은 중국과 대만이 하나의 국가라는 것을 국제적으로 선언하는 것이 되어버린다는 주장이다. 둘째, 평화협정의 실효성 문제다. 일각에서는 1951년 인민해방군이 티베트에 입성한 뒤 중앙인민정부와 티베트 지방정부 사이에 평화협정을 체결하고 티베트에 자치권을 부여하겠다고 선언했으나 여러 차례 티베트를 무력으로 진압한 선례를 볼때 과연 중국이 평화협정을 준수할 것인가에 대한 신뢰 문제를 제기한다. 결국 힘의 비대칭성이 큰 상황에서 평화협정 체결의 실효성이 크지 않다는 주장이다.

2011년 마잉주 정부 시기에 양안 평화협정에 대한 여론조사가 진행되었다. 당시 대만 여론은 63퍼센트가 양안 평화협정 체결을 받아들일 수 없고, 67퍼센트가 중국의 양안 평화협정 준수에 대해 신뢰하지 않으며, 중국이 평화협정 이후에도 무력 사용을 포기하지 않을 것이라고 인식하는 것으로 나타났다. 또한 83퍼센트는 대만의 미래와 현상 변경에 대해 국민투표로 결정해야 한다는 의견을 나타냈다. 대만에 대한 중국의 무력통일 가능성이 계속 높아지는 상황에서 양안의 평화와 안정을 위해 평화협정을 체결해야 한다는 필요성이 꾸준히 제기되고 있지만, 대만 사회로부터 큰 지지를 받지 못하고 있는 것이다.

06

결론

현재 대만해협에서 고조되고 있는 무력충돌의 긴장감은 큰 삼각관계와 작은 삼각관계의 변화 속에서 구조화된 것이다. 중국과 대만 사이에 힘의 비대칭성이 갈수록 커지고 있고, 그 둘 사이에서 균형자 역할을 하던 미국의 힘이 쇠퇴하면서 미중 관계가 경쟁 국면에 접어들고 신냉전과 패권 경쟁의 기미를 보이면서 위기관리가 매우 어려워지고 있다. 이 구조를 개선하려면 결국 큰 삼각관계의 행위자들과 작은 삼각관계의 행위자들이 국민의 생명과 안전을 위해 평화를 만들어낼 대화와 협상에 더 큰 노력을 기울여야 한다. 그런데 중국은 나름의 국내 정치 문법 때문에 통일에 너무 과도한 기대감을 부여해왔고, 대결과 위기의 국면을 정권 유지에 활용하는 적대적 공존을 추구하며 민진당과의 대화를 거부하고 있다. 대만 역시 자본주의 체제가 야기하는 경제사회적 문제를 중국 탓으로 떠넘기면서 반중 정서를 국내 정치에 활용하고 있다. 미국 또한 대만의 평화와 안정보다는 패권 유지를 위해 대만 카드를 활용하는 모습을 보이고 있다.

이러한 냉엄한 현실 속에서 당위적 해법을 제시하는 것이 무상하게 느껴지지만, 비평화적 수단을 동원해 수많은 생명을 희생시켜가며 이른바 "역사적 과업"을 성취할 경우 대만인의 민심은 더욱 중국에서 멀어질 것이며 영원히 돌이킬 수 없는 중국의 수치이자 역사의 원죄로 남을 것이다. 미국 또한, 스티븐 월트Stephen Walt가 지적했듯, 맹목적으로 자신들을 자유세계의 지도자로 내세우는 대신 먼저 국내적으로 잘못된 것을 개혁하고 미국 밖의 세계를 어떻게 대할지 재고해야 한다. 그리고 그 첫걸음은 대만을 패권 유지의 카드로 활용하거나 동맹국과 협력국들을 전쟁의 위험 속으로 끌어들이는 방식의 폐기에서 시작되어야 한다. 그것이 그나마 미국이 패권국으로서의 도덕성을 지키는 길일 것이다. 대만 역시 미국에 의존하여 자신의 안보를 유지하려 하기보다는 주체적으로 중국과의 대화와 협상을 위해 한 걸음 나아갈 필요가 있다.

대만해협에서 군사적 충돌이 일어나면 주한미군의 전략적 유연성에 따라 한국의 전쟁 연루 가능성 역시 커지고 동아시아 지역의 평화와 발전에도 큰 타격이 있을 것이다. 우크라이나 사태에서 보듯, 비극이 일어난 후 인도주의적 지원을 하는 것도 중요한 일이지만, 비극이 일어나지 않도록 세계시민사회가 한목소리로 전쟁에 반대하고 평화를 지키기 위해 연대하는 것이 더욱 중요하고 필요한 일이다.

러시아의 우크라이나 침공이라는 역사적 비극 앞에서, 지정학적 단층선 위에 놓여 있는 국가들이 구조적 압력 속에서 어떠한 대응과 대비를 해야 하는지 생각하게 된다. 강대국 사이에 놓인 중간국이 완충지대로서 '피스메이커' 역할을 하려면 먼저 풀어야 할 과제들이 있다.[25]

첫째, 국내 정치적으로 첨예하게 작동하는 정체성의 정치를 경계하고, 분열과 타자에 대한 혐오의 동학을 성찰할 수 있어야 한다. 우크라이나는 국내 정치적으로 친서구 세력과 친러 세력이 경쟁해왔고, 정권교체가 이뤄질 때마다 대외전략의 잦은 변화와 불안정성을 노출했다. 정체성의 정치가 고착화되면 상대는 자기 입맛에 맞는 상대와만 협상을 시도한다. 대만의 경우, 국민당 정권과 긴밀한 교류 협력을 촉진했던 중국은 민진당으로 정권교체가 이뤄지자 대화와 협상의 여지를 남겨놓지 않았다. 중국이 대만 사회를 갈라치려는 것에 근본적인 문제가 있지만, 민진당 세력이 이념으로 안보 문제를 다루는 것에도 문제가 있다. 힘의 비대칭성이 엄존하는 국제정치의 현실 속에서 "위협"은 어쩌면 자연스러운 현상이다. 위협이 높아지는 흐름에 몸을 내맡길 것인지, 아니면 적극적으로 평화 협상을 진행할 것인지는 선택과 전략의 문제다. 전략적 선택이란 가치와 정서에 위배되더라도 공동체의 안전과 이익을 수호하기 위해 이성적 계산에 따라 움직이는 것을 말한다.

둘째, 여론 지형이 한쪽으로 경도되진 않았는지 성찰하고 균형 감각을 유지해야 한다. 우크라이나에서 위기가 고조될 당시 대만의 공론장에선 압도적으로 미국 언론의 견해와 관점만이 유통되고 있었다. 푸틴의 군사적 모험주의는 비판받아 마땅하지만, 지정학적 관점에서 러시아가 직면하고 있는 안보 위협에 대해선 충분히 소개되지 않았다. 우크라이나와 러시아 사이에는 어떠한 지리적 장벽도 존재하지 않기 때문에 우크라이나가 나토에 가입할 경우 러시아 입장에서는 등에 칼이 겨눠진 형세가 된다. 푸틴은 나토가 동진하지 않겠다는 1990년대의 약속을 어기고 다섯 차례나 확장을 거듭해왔다고 비난했다. 우리가 받는 위협만 강조하고 타자가 받는 위협에 대해서는 눈을 감는다면 대화와 협상은 요원해지고 전쟁에 가까워질 수밖에 없다.

우크라이나 사태 이후 실시된 미국의 여론조사에서 58퍼센트의 미국인이 우크라이나를 구하기 위한 미국의 군사개입에 반대했다. 반면 2021년의 여론조사에서는 중국의 대만 무력 침공 시 미국이 대만을 군사적으로 지켜줘야 한다는 미국인의 비율이 52퍼센트를 기록했다. 40년 만에 처음으로 50퍼센트를 넘긴 것이다. 한편 대만의 여론조사에서는 대만인의 60퍼센트가 중국이 대만을 무력 침공할 경우 미군이 대만을 위해 출병할 것으로 믿는다고 응답했다. 토니 블링컨 Tony Blinken 미 국무장관은 대만에 방어 무기를 제공하고 대만 유사시 군사적 지원의 법적 근거인 〈대만관계법〉의 약속을 여러 차례 확인했지만, 중국의 대만 침공 시 미군 출병에 대해서는 유보적인 태도를 보였다. 이러한 현실은 패권국의 힘이 약해지면 안보 공약을 지키지 못하는 상황이 발생할 수도 있으므로 대만이 최악의 상황을 상정하고 스스로 평화를 지켜낼 해법을 찾는 노력을 포기해서는 안 된다는 것을 잘 보여준다. 패권전이 이론에서는 도전국의 국력이 패권국 국력 총량의 80~120퍼센트에 이를 때 가장 위험한 상황이 벌어질 수 있다고 본다. 중국은 현재 세계 2위의 경제대국이고 경제 총량이 미국의 70퍼센트 이상에 육박한다. 이론상으로는 미중 관계가 이미 위험한 시기에 진입한 것이다. (대만과 한국처럼) 지정학적 중간국이 강대국 경쟁의 희생양이 되지 않으려면, 강대국의 논리에 함몰되지 않고 정체성의 정치를 거부하며 국민의 생명과 이익 수호를 전략의 중심에 두어야 할 것이다.

2부

대만해협과 미일 동맹:
일본 내 논의는 어떠한가

길윤형

〈한겨레〉 국제부장

01

들어가며

"일본과 대만 사이에는 오랜 기간에 걸쳐 서로 돕고 살아온 인연이 있다. 이 힘을 세계로 넓히고, 다음 세대에 계승하고 싶다."

2021년 9월 18일 일본 〈요미우리신문讀賣新聞〉에 최근 일본과 대만의 관계를 상징적으로 보여주는 짤막한 단신이 실렸다. 대만의 부직포 제조업체 이팅易廷이 양국의 기초지자체장들이 모여 만들 예정인 '일대공영수장연맹日台共栄首長連盟'에 마스크 124만 장을 기증했다는 소식이었다. 일본이 코로나19 백신 확보에 어려움을 겪고 있는 대만을 위해 2021년 6월 초부터 9월 말까지 총 네 차례에 걸쳐 코로나19 백신을 제공하자, 대만 기업이 이에 대한 감사의 뜻을 담아 답례품을 보내온 것이다. 이 업체가 마스크를 정확히 '124만 장' 전달한 것은 일본이 석 달여 전인 6월 4일 대만에 1차로 제공한 백신 공급량이 124만 명분이었기 때문이다. 최근 두 나라 사이의 밀월 관계를 과시하듯 마스크를 가득 담은 상자엔 '일대우호, 일본, 감사합니다' 등의 구호가 적혀 있었다. 세창팅謝長廷 타이페이주일경제문화대표처台北駐日経済文化代表処 대표(주일 대만 대사에 해당)도 17일 사이타마현 니이자埼玉県 新座에서 열린 전달식에서 대만과 일본이 서로 돕고 살아온 오랜 인연을 강조하는 훈훈한 모습을 연출했다. 이 마스크는 일본 전국 82개 지자체에 전달됐다.[1]

일본과 대만은 최근 '중국의 부상'과 그에 따라 발생한 여러 공동의 안보 위협 앞에서 어느 때보다 끈끈한 밀월을 뽐내고 있다. 물론 일본엔 전통적으로 대만과 관계를 중시하는 '친대파'의 명맥이 존재해왔다. 1972년 9월 다나카 가쿠에이田中角栄 총리와 오히라 마사요시大平正芳 외상이 중국과 국교 정상화를 하는 과정에서 대만과 단교하자, 자민당 내 견제 세력인 후쿠다 다케오福田赳夫 등이 반발하며 1973년 3월 일화관계의원간담회(현재 일화의원간담회)를 결성했다.[2] 일화의원간담회의 간사장을 오랫동안 맡아온 이가 현재 대만을 중시하는 방위정책에 전력을 기울이고 있는 기시 노부오岸信夫 방위상*이라는 점에서 알 수 있듯 이 흐름은 지금까지도 면면히 계승되고 있다.

하지만 최근 일본과 대만의 관계는 자민당 내 파벌 경쟁을 일정 부분 반영했던 과거와는 질적으로 다른 모습으로 발전해가고 있다. 특히 최근엔 일본 전체가 '한 덩어리'가 되어 대만과의 관계 강화에 '올인'하고 있다는 느낌을 받을 정도다.

일본이 이런 모습을 보이는 이유는 매우 명확하다. 최근 급속히 국력을 확장한 중국이 대만을 군사적으로 위협하기 시작하면서, 일본의 전후 부흥을 가능하게 했던 동아시아의 현상 질서를 유지하는 게 점점 힘겨워지고 있다고 느끼기 때문이다. 만약 중국이 대만을 강제적으로 '흡수통일'하는 데 성공한다면, 지난 70여 년 동안 이어진 인도태평양 지역 내의 미국, 나아가 미일 동맹의 패권은 무너진다. 이는 일본

• 아베 신조安倍晋三 전 총리의 친동생이다. 성이 다른 것은 아베 전 총리의 외가인 기시 가문의 양자가 되었기 때문이다. 기시 노부스케岸信介 전 총리의 아들 노부카즈信和는 아들을 낳지 못했다.

이 결코 허용할 수 없는 국가 운명과 관련된 대참사라고 할 수 있다. 총리 퇴임 후에도 일본 정계에서 여전히 강력한 영향력을 유지하고 있는 아베 신조 전 총리는 이런 인식을 근거로 "대만 유사 사태는 일본의 유사 사태이고, 일미 동맹의 유사 사태"라는 인식을 거듭 밝히고 있다.[3]

최근 대만을 바라보는 미일 양국의 인식에 결정적인 영향을 끼친 인물은 미국의 필립 데이비슨 전 인도태평양 사령관이라고 할 수 있다. 그는 사령관으로 재직하던 2021년 3월 9일 미 상원 군사위원회 청문회에 출석해 "대만은 분명 그들(중국)의 야망 중 하나이다. 그 위협이 이후 10년 안에 분명해질 것이다. 사실은 6년 이내"라고 말했다. 모두가 우려하는 사안인 대만에 대한 중국의 야심을 놓고 미국의 현역 사령관이 '전쟁 발발 시점'을 구체적으로 언급한 여파는 상당했다. 이후 일본의 주요 정치인들은 중국이 대만을 무력으로 통일할 수 있다는 '오판'에 빠지지 않도록 대만 방위에 대한 결의를 다양한 형태로 표현하기 시작했다. 아소 다로麻生太郎 당시 부총리 겸 재무상은 7월 5일 자민당 의원들을 대상으로 한 강연에서 이렇게 말했다. 대만해협에서 "큰 문제가 발생할 경우 (…) 일미가 함께 대만을 방어하지 않으면 안 된다". 두 달 뒤 기시 방위상도 9월 15일 〈마이니치신문每日新聞〉 인터뷰에서 "대만은 일본의 코앞에 있다. 대만에서 벌어지는 일은 남의 일이 아니다"[4]라고 말했다. 특히 아베 전 총리가 잇따라 강경 발언을 쏟아내자 중국 정부가 한밤에 일본 대사를 불러내 공개적으로 불쾌감을 드러낸 일도 있었다. 중국 외교부는 12월 2일 자료를 내어 "아베 전 총리가 대만 문제와 관련해 극단적으로 잘못된 발언을 해 중국의 내정을 난폭하게 간섭하고, 공공연히 중국의 주권을 도발하고 대만 독립 세력을 지지했다"며 "이는 국제관계의 기본원칙을 엄중히 위반한 것으로 중국은 이에 결연히 반대한다"고 밝혔다. 아베 전 총리가 전날 대만의 재단법인 국책연구원문교기금회財團法人國策研究院文教基金會가 마련한 '신시대 일본–대만 관계'를 주제로 한 화상 포럼에 출석해 "일본은 대만에 대한 무력 침공을 용납할 수 없다. 시진핑 주석을 포함한 중국 지도부는 절대 오판하지 말아야 할 것"이라고 말한 데 대한 반발이었다.[5]

그렇다면 인도태평양 지역에서 미일 동맹의 패권이 무너지는 대참사를 막기 위해 일본은 어떤 고민을 하고 있고, 이는 어떻게 실제 정책으로 이어지고 있을까? 이 글에서는 데

이비슨 사령관의 발언 이후 2022년 5월 23일 미일 정상회담까지 지난 1년 3개월 동안 일본 내에서 이 문제를 둘러싸고 숨 가쁘게 이어져온 여러 움직임을 소개하려 한다. 몬 마이라門間理良 일본 방위성 방위연구소 지역연구부장은 이와 관련한 일본의 기본 입장을 "대만 유사 사태가 발생할 경우 미군이 개입한다는 것, 미군을 지원하는 일본의 방위체제 역시 충실하다는 것을 보여줘 중국의 군사행동을 억제하는 것"이라는 말로 설명하고 있다.[6] 처음엔 중국이 오판하지 못하도록 미일 동맹의 '억제력'을 강화하겠다는 일본의 방침은 시간이 가면서 점점 강경해져 지난 5월 23일 미일 정상회담에선 '대처력'까지 언급하는 상황에 이르렀다. 국제정치에서 억제deter는 나의 군사력을 강화해 상대가 섣불리 군사도발에 나서지 못하게 한다는 의미이고, 대처respond는 만에 하나 실제로 불행한 사태가 발생할 경우 무력 등을 사용해 대응하겠다는 의미이다.

현재 일본 내 논의 방향은 크게 두 갈래로 나뉘어 있다. 첫 번째는 일본의 자체 역량 강화다. 이를 위해 일본은 ① 국가안전보장전략 등 일본 안보전략과 관련한 주요 문서 개정 ② 방위비 증액 ③ 적 기지 공격 능력(공격받기 전에 먼저 적의 미사일 원점을 타격할 수 있는 능력) 확보 등을 추진 중이다.

두 번째는 미일 동맹 강화다. 이를 위해 ① 일본은 지난 2015년 4월 미일안보협력지침 개정을 통해 이미 한 차례 강화한 미일 동맹을 다시 업그레이드하고 ② 대만 사태에 대응하기 위한 미일 공동작전계획을 책정하는 작업을 진행 중이다.

마지막으로, 대만 유사 사태가 발생하면 일본이 나서야 한다는 생각은 앞서 소개한 대로 미일의 '패권 유지'라는 안보적 고려에서 시작된 것이지만, 대만이 일본과 '기본적 가치'를 공유하는 이웃이라는 친근함을 통해 강화되는 측면도 있다는 점을 첨언해둔다. 한 예로 기시 방위상은 앞서 언급한 〈마이니치신문〉과의 인터뷰에서 일본이 대만을 도와야 하는 안보적 이유를 제시한 뒤 "대만은 자유와 민주주의, 인권이라는 보편적 가치를 공유하는 일본의 소중한 이웃"이라는 점을 강조했다. 차이잉원 대만 총통도 2021년 9월 〈분게이 슌주文芸春秋〉 인터뷰에서 "대만과 일본 관계의 역사를 돌아보면 한쪽이 곤란한 상황에 놓였을 때 다른 쪽이 따뜻한 원조의 손을 내밀어왔다"며 "일본과 대만은 같은 민주주의국가이고 앞으로도 가치관을 공유하며 연대를 강화해가야 한

다. 이 관계를 오랫동안 다음 세대에까지 계승해가고 싶다"고 말했다.[7]

조 바이든 미국 대통령은 2021년 1월 취임 이후 줄곧 인류가 현재 "민주주의와 독재의 싸움이라는 변곡점 위에 있다"고 말해왔고, 2022년 2월 24일 러시아가 우크라이나를 침공한 뒤 내놓은 3월 1일 국정연설에선 "사유는 언제나 폭정을 이길 것이다. 5일 전 블라디미르 푸틴이 그의 위협적 방식에 고개를 숙일 것이라 기대하면서 자유세계의 기초를 흔들기 시작했다"고 말했다. 바이든 대통령이 신냉전*이란 말을 쓰진 않았지만 이 용어를 사용해 현재 국제 정세를 표현한다면, 민주주의와 권위주의가 대결하는 신냉전의 유럽 쪽 최전선은 이미 전쟁이 터진 우크라이나이고, 인도태평양 지역의 최전선은 대만해협이라고 할 수 있다.

신냉전이 시작된 험악한 국제 정세 속에서 우린 어떤 자세를 가져야 할까. 대만 갈등을 발등에 떨어진 불로 생각하는 일본과 달리 한국은 이를 '강 건너 불'로 생각하는 경향이

• 2차 세계대전 종전 이후 1989년까지 이어진 옛 냉전을 자본주의와 공산주의라는 경제체제 간의 대립이라고 한다면, 최근 시작된 신냉전은 민주주의와 권위주의(독재)라는 정치체제 간의 대립이라고 할 수 있다.

있다. 괜한 갈등에 말려들어 피해를 보지 않도록 세심한 주의를 기울여야 한다고 생각하는 것이다. 지난 1년 동안 일본에서 진행된 여러 변화를 살펴보면서, 대만 사태를 사실상 '남의 일'로 생각하는 한국과 '자기 앞 마당의 일'로 보는 일본 사이에 존재하는 심연과 같은 전략적·심리적 관점 차이를 실감할 수 있었다. 글의 마지막 부분에서는 중일이 지금과 같은 대결 구도에서 벗어나 서로 공존하는 균형점을 찾으려면 어떻게 해야 하는지 일본에서 나오고 있는 여러 대안적 논의도 소개해보겠다.

02

일본의 현실 인식:
"대만 사태는 강 건너 불이 아니다"

앞서 언급했듯 '대만 유사 사태'가 발생하면, 일본은 미일 동맹의 패권 유지를 위해 이 사태에 어떤 식으로든 개입할 수밖에 없다고 각오하고 있다. 〈니혼게이자이신문日本経済新聞〉에 따르면 집권 자민당 내에서 대만 사태에 대한 구체적 고민이 시작된 것은 2021년 1월 20일 조 바이든 미 행정부가 출범한 직후였다. 자민당 외교부회는 3주 뒤인 2월 10일 '대만 정책 검토 프로젝트팀'을 결성해 첫 모임을 가졌다.[8] 이 모임의 좌장인 사토 마사히사佐藤正久 의원(참의원)은 "대만에 대한 중국의 압력이 점점 격해지고 있어 일본의 안전보장에도 영향을 줄 수 있다. 당이 하나의 방향성을 정해 중점 정책을 만들어 한 단계 높은 의원 외교를 해야 할 시기가 됐다"
는 말로 이 모임을 만든 의미를 설명했다.[9]

이런 흐름 속에서 4월 16일 미일 정상회담이 열렸다. 바이
든 미국 대통령과 스가 요시히데菅義偉 당시 일본 총리는 회
담 후 발표한 공동성명에서 1969년 11월 사토 에이사쿠佐藤
栄作 총리와 리처드 닉슨Richard Nixon 대통령 이후 52년 만에 처
음으로 대만 문제를 공식 언급했다. 전체 14개 문단으로 이
뤄진 A4 6장 분량(일본어본 기준)의 성명에서 두 나라는 온전
히 한 문단을 중국에 할애해 강하게 견제하는 모습을 보였
다. 동중국해와 남중국해에서 진행 중인 중국의 현상 변경
시도를 비난하고, 홍콩과 신장웨이우얼자치구의 인권 문제
에 깊은 우려를 표명한 뒤, 초미의 관심을 모은 대만 문제와
관련해 "대만해협의 평화와 안정의 중요성을 강조하는 것과
함께 양안 문제의 평화적 해결을 촉구한다"고 선언한 것이
다. 하지만 이 공동선언의 진짜 핵심은 "일본은 동맹 및 지역
의 안전보장을 한층 강화하기 위해 자국의 방위력을 강화하
기로 결의했다"는 문장에 담겨 있다고 평가할 수 있다. 일본
이 전 세계에 대고 중국의 섣부른 현상 변경 시도를 막기 위
해 "무력을 증강하겠다"고 서약한 것이기 때문이다.[*]

이 결론에 도달하는 과정이 순탄했던 것만은 아니다. 〈아사히신문朝日新聞〉은 4월 17일 자 3면 기사에서 "미국의 강한 태도는 중국으로부터 떨어져 있기 때문에 가능하다. 자국 경제가 일중 관계 속에 완전히 편입돼 있는 일본의 이해관계는 (미국과) 완전히 다르다"고 말하는 일본 정부 관계자의 발언을 소개했다.[10] 일본 내에도 중국과 '거리 두기'라는 난제 앞에서 미일의 국익이 100퍼센트 일치하지 않는다는 사실을 인식하는 신중한 의견이 있었던 것이다. 하지만 바이든 행정부에서 아시아 정책을 총괄하는 커트 캠벨 백악관 국가안보회의 인도태평양 조정관 등이 도쿄를 극비리에 방문해 공동성명에 대만 언급을 집어넣도록 강하게 요구하자 이를 받아들이고 만다.[11] 양국은 앞선 3월 16일 외교·국방 장관 공동회담(2+2회담) 문서에서도 "대만해협의 안정과 평화의 중요성을 강조했다"고 언급했는데, 이를 정상회담 공동성명에까지 집어넣은 것이다.

- 그로부터 한 달여 뒤인 5월 21일 나온 한미 정상의 공동성명에도 미일 공동성명 때처럼 "대만해협에서의 평화와 안정 유지의 중요성을 강조하였다"는 구절이 포함됐다. 하지만 한국은 회담 직후 "(두 정상의 대만 언급은) 일반론적이고 규범적인 것"(최종건 외교부 제1차관, 5월 24일 TBS 〈김어준의 뉴스공장〉)에 불과하다며 재빨리 논란 차단에 나섰다.

결국 공동선언의 최종 문안은 2+2 공동선언에 나오는 대만 관련 언급을 그대로 이어받으면서, 일본 나름의 균형을 유지하기 위해 "양안 문제의 평화적 해결을 촉구한다"는 내용을 추가하는 쪽으로 조율됐다. 이에 대해 스가 정부의 한 각료는 "미중 사이 중간에 긴 상황에서 총리가 태도를 정했을 것이다. 그렇지만 (대만을 언급하면서) 중국과의 관계에서 엄혹한 입장에 놓이게 됐다. 좀 더 애매한 태도를 취하는 게 좋았을 것"이라는 평가를 내놓았다.[12] 미중 사이에서 균형을 유지해야 한다는 이들과 미국 쪽으로 확실히 입장을 정해야 한다는 이들 사이의 내부 논쟁에서 후자가 승리를 거뒀음을 알 수 있다.

공동성명에서 대만이 언급된 데 대해 일본 내에서도 다양한 반응이 쏟아졌다. 이 가운데 사람들의 입길에 가장 많이 오르내린 반응은 고이즈미 정권 시절 외무성의 '넘버 2'인 사무차관을 지낸 다케우치 유키오竹内行夫의 평가였다. 〈아사히신문〉 4월 18일 자 7면 인터뷰 기사를 보면, 그는 정상회담 문서에서 대만을 언급한 일본의 결정에 대해 "중국과 관련해 일본이 루비콘강을 건넌 것"이라는 엄청난 평을 남겼다. 중일 관계가 돌이킬 수 없는 새로운 단계로 진입했다는 인식을 밝힌 것이다. 표현은 무시무시했지만, 이 평가는 현재 일본 주류 사회의 현실 인식을 비교적 정확히 표현한 것이다. 중국이 미국이 주도하는 자유민주주의적 국제질서에 도전하는 모습을 보이는 한, 일본이 미국과 힘을 합쳐 이에 대응해야 한다는 게 일본 내 주류 인사들의 일치된 견해라고 해도 과언이 아니다. 이해를 돕기 위해 그의 발언 중 핵심 내용을 그대로 옮겨본다.

현재 국제사회는 미중 경쟁 시대에 들어가 있다. 중국의 강권주의에 의한 자유민주주의적 국제질서에 대한 도전이 국제사회 전체의 과제이다. 이번에 일본은 중국을 어떻게 인식하는지, 그리고 자국이 어디에 서 있는지를 명확히 해 미일이 일치된 메시지를 발신할 수 있었다. 지정학적으로 볼 때 중국의 강국화로 인해 국제정치의 중심이 유럽에서 동아시아로 옮겨왔다. 동아시아에는 북대서양조약기구(나토)와 같은 동맹의 틀이 없다. 이번 회담은 미국에게도 (동아시아에 미일 동맹을 통해 나토와 같은) 디딤판을 굳혔다는 의미를 갖는다. 스가 총리에게 (그만한) 각오가 있었는지는 불명확하지만, 이번에 중국에 대한 의사 표명은 루비콘강을 건넌 것이라 할 수 있다. 이를 통해 중국

의 보복 조처도 예상할 수 있다. 확고한 각오와 강고한 대응이 필요하다.[13]

그렇다면 일본은 현재 중국의 군사적 위협을 얼마나 심각하게 받아들이고 있을까? 일본 방위연구소의 다카하시 스기오高橋杉雄 방위정책 연구실장은 미일 정상회담 결과가 나온 직후 매우 흥미로운 견해를 밝혔다. 현재 대만해협을 둘러싼 군사 균형이 옛 일본 해군을 이끌던 야마모토 이소로쿠山本五十六(1884~1943) 연합함대 사령장관이 "반년이나 1년 정도 날뛰어보겠다"며 진주만 공습에 나선 1941년 말과 매우 비슷한 상황이라는 것이다. 당시 야마모토 장관은 미국과 장기전을 벌이면 승리할 수 없겠지만, 단기전을 통해 미국에 큰 타격을 가한 뒤 일본에 유리한 쪽으로 강화를 시도할 수 있다는 전략적 계산 아래 무모한 전쟁에 돌입했다. 당시와 마찬가지로 현재 서태평양에서 미중 간의 군사 균형은 중국이 보유한 단거리·중거리 탄도·순항 미사일 등으로 인해 적어도 단기적으로는 중국에 유리하게 기울어지고 있다.[14]

물론 미국이 전 세계에 배치해둔 전력과 동맹국들의 힘을 한데 끌어모아 장기전에 나선다면 결국 승리를 거둘 수 있을 것이다. 다만, 이를 위해선 두 가지 선결 조건이 필요하다. 첫째, 대만이 중국의 초기 공세에 겁을 먹고 단숨에 무너지지 않는 끈질긴 모습을 보여야 한다. 둘째, 미국이 중국과 전면전을 감수하고서라도 서태평양의 현상 변경을 허용하지 않겠다는 강력한 정치적 의사를 가지고 있어야 한다.[*]

〈분게이슌주〉 2021년 6월호에 실린 일본의 안보 전문가 호소야 유이치細谷雄一 게이오대학 교수, 가지와라 미즈호梶原みずほ 〈아사히신문〉 편집위원, 야마시타 히로다카山下裕貴 전 자위대 육장(중장)의 견해도 이와 대동소이했다. 호소야 교수는 일본 보수 진영의 젊은 외교안보 브레인으로 큰 주목을 받는 인물이다. 이 대담에서 야마시타 전 육장은 "미소 냉전시대에 전쟁터는 유럽이었고, 서구 국가들의 최전선은 철의 장막이 드리워진 서독이었다. 냉전 종결 후 중국이 대두

• 이와 관련해 조 바이든 미국 대통령이 2022년 5월 23일 미일 정상회담 이후 공동 기자회견에서 '대만 유사 사태 때 군사적으로 관여하겠느냐'는 기자의 질문에 "그렇다"고 답한 것은 많은 것을 생각하게 한다. 이후 바이든 대통령은 "대만에 대한 미국의 정책은 변하지 않았다"며 자신의 발언을 주워 담았다. 하지만 대만 유사 사태 때 미국이 개입할지 여부에 대해 모호한 입장을 지켜온 미국의 '전략적 모호성 원칙'은 점점 애매해지고 있다.

하며 미중에 의한 신냉전이 시작됐다. 지금의 전쟁 구역은 인도태평양이고 그에 따라 최전선은 일본과 대만이 된다"고 말했다. 호소야 교수 역시 "실제 대만에서 군사 충돌이 일어날 경우를 시뮬레이션하면, 대부분 중국이 이긴다. 이유는 간단하다. 미국의 군사력은 세계 도처에 전개되어 있어서 대만에 (전력을) 집결하려면 시간이 걸린다. 반면, 중국은 모든 전력을 대만에 투입할 수 있다"고 밝혔다. 이 경우 일본은 미국의 전력이 집결할 때까지 대만이 무너지지 않도록 돕는 역할을 떠맡을 수밖에 없다고 이들은 입을 모았다.

이들은 대만 유사 사태가 발생할 경우 전쟁의 승패를 좌우할 변수로 ① 미국이 〈대만관계법〉에 따라 어디까지 대응할지 ② 일본이 후방지원과 미 함선의 방호 외에 또 어떤 역할을 맡을지 ③ 대만이 결사항전을 할 경우 함선과 항공기 등 잔존 전력을 일본(예를 들어 오키나와沖縄 가데나嘉手納 기지)에 피난시키려 할 텐데 일본이 어디까지 협력할지 등을 꼽았다. 결국 중국의 현상 변경 시도를 용납하지 않겠다는 미국, 일본, 대만 3국의 의지가 중요하다는 지적이다. 이 가운데 일본이 제어할 수 있는 것은 자국의 의지이다. 가지와라 편집위원은 대만 사태와 관련해 "최악의 시나리오를 상정해 최선의 대비를 해둬야 한다. 예를 들어 자위대의 역할을 폭넓게 강화한 안보 관련법에 근거하여 후방지원을 포함해 어디까지 미국과 행동할지에 대해 이번 미일 정상회담[15]을 계기로 일본 사회 전체가 (이 문제에 대해) 구체적인 논의를 하는 출발선에 서게 됐다"고 말했다.[16]

인본이 억제력 강화에 집착할 수밖에 없는 또 다른 이유가 있다. 전쟁이 발발하면 일본도 공격받을 수 있기 때문이다. 대만 유사 사태가 발생하면 오키나와에 배치된 주일미군이 1차 대응을 맡을 수밖에 없다. 중국은 이 전력을 무력화하기 위해 선제공격을 감행할 가능성이 높다. 대만 유사 사태가 눈 깜짝할 사이에 일본 유사 사태가 되는 것이다. 일본의 통합막료장(합동참모의장)을 지낸 가와노 가쓰토시河野克俊는 2021년 5월 12일 일본기자클럽 강연에서 "대만 유사 사태가 발생하면 (오키나와를 포함하는) 난세이南西제도도 전쟁터의 일부가 될 가능성이 커진다. 일본이 제3자로 있을 수 없다"고 말했다. 그의 말대로 대만과 일본열도의 최서단 요나구니与那国섬 사이의 거리는 110킬로미터에 불과하다. 몬마이라 부장도 "대만해협과 110킬로미터 떨어진 난세이제도가 전쟁터가 된다는 것은 군사적인 상식"이라며 유사 사태가 발생했을 때 "일본과 미국은 어떤 군사행동을 할 것이며, 자위대의 후방지원은 어떤 형태가 될 것인지 시뮬레이션을 해둘 필요가 있다"고 말했다.[17]

물론 일본 내에서도 중국이 정말 대만을 상대로 무력 공격에 나설 가능성은 '단기적으로는 높지 않다'는 견해가 지배적이다. 마쓰다 야스히로松田康博 도쿄대 동양문화연구소 교수는 "중국군이 침공한다면 대만군은 당연히 반격한다. 대만의 미사일 공격으로 중국 연해 지역이 말려들게 되고, 미국도 개입할 것이다. 중국군의 현재 상황을 보면, 대만군과 미군과 (동시에) 싸우면서 대만 본토에 병력을 옮기고, 병참을 유지하며, (대만) 전체를 장악하는 것은 쉽지 않다"는 견해를 밝혔다.[18] 2002년 고이즈미 준이치로小泉純一郎 총리의 방북을 이끄는 등 일본에서 합리적 전략가로 불렸던 다나카 히토시田中均 일본총합연구소 국제전략연구소日本總合研究所 国際戦略研究所 이사장도 2022년 3월 9일 자 〈한겨레〉 인터뷰에서 "중국이 대만 통일을 위해 군사적 행동을 취할 가능성은 현시점에서는 낮다. 중국이 군사력을 행사하면 미국은 군사개입을 할 것이다. (…) 일본은 미국을 지원하게 된다. 국제사회는 대중 제재를 발동할 것이고, 서방과 경제적 단절은 중국엔 감당할 수 없는 큰 부담"이라고 말했다.

하지만 중국이 전면 침공이 아닌 국지전을 벌인다면, 미국이 전면전을 결심하지 않는 한 이를 막을 방법이 없다는 것이 엄연한 '군사적 현실'이다. 미국 외교안보 전문 싱크탱크인 신미국안보센터Center for a New American Security(CNAS)는 2021년 10월 26일 펴낸 〈독개구리 전략Poison Frog Strategy〉이란 제목의 보고서에서 "중국이 대만령 둥사(프라타스)군도를 선제적으로 군사점령하는 상황을 상정해 워게임(모의 전쟁)을 실시해보니 미국이 전면전의 위협을 감수하지 않고는 중국이 섬을 포기하고 물러나게 하여 현상을 복원할 수 있는 대안이 거의 없는 것으로 확인됐다"고 밝혔다. 이 보고서는 이를 바탕으로 "전면전으로 비화할 위험이 있는 군사적 대응을 빼고나면 중국의 선제적 공세에 대한 대응이 어렵고, 경제·무역 제재가 효과를 내기까지는 장기간이 걸릴 수밖에 없다"며 "둥사 점령으로 얻을 이익보다 이로 인해 치러야 할 정치·군사·경제적 고통이 크다는 점을 사전에 중국에 각인시켜 '억지력'을 갖춰야 한다"고 결론지었다.[19] 무서운 색깔로 천적을 위협하는 독개구리처럼 미일 동맹도 대만을 지켜야 한다는 결연한 의지를 끊임없이 내보여야 한다는 주장이다.

이런 점을 두루 고려해보면, 중국의 오판을 막으려면 미일동맹이 억제력을 강화해야 하고, 이를 위한 일본의 역할이 과거 어느 때보다 중요해졌다는 점에 대해 일본 사회 내에 광범위한 합의가 형성돼 있다는 결론을 내릴 수 있다.

03

미일 동맹은
어떻게 진화해왔나[20]

그렇다면 '루비콘강'을 건넌 일본은 억제력 강화를 위해 구체적으로 어떤 조치를 취할 수 있을까? 이를 살펴보기에 앞서, 1945년 패전 후 지난 70여 년 동안 미일 동맹이 거쳐온 변화 과정을 정리해보자.

미일안보조약이 가동된 것은 샌프란시스코강화조약이 발효되며 일본이 미국의 점령에서 벗어난 1952년 4월 28일이었다. 8년 뒤인 1960년 1월 기시 노부스케 당시 일본 총리의 강한 의지에 따라 조약에 중요한 내용이 추가된다. 당시 개정을 통해 "일본의 시정 아래 있는 영역에서 어느 일방에 대한 무력 공격"이 있을 경우 미일이 "공통의 위험에 대처하기 위해 행동한다"(5조)는 원칙이 명문화됐다. 즉 일본이 공격 받을 때 미국이 함께 노와야 한다는 '방어 의무'를 지운 것이다. 그 대가로 일본이 약속한 것은 미국의 일본 영토 내 기지 사용 권한이었다. 일본은 "극동의 평화와 안전을 유지하는 데 기여하기 위해" 미국이 일본 내 군사기지를 사용할 수 있도록 허용(6조)하는 결단을 내렸다. 조약에서 언급한 '극동'이란 냉전 시기 동북아시아의 두 개의 화약고였던 한반도와 대만을 의미하는 것이었다.

일본이 한반도와 대만의 안전보장에 기여하고 있다는 것은 탈냉전 이후 30여 년의 장기 평화에 익숙해진 한국인에겐 생경하고 불편한 사실일 수 있다. 하지만 살벌한 냉전 시대를 살았던 이들에게 한반도-일본-대만의 안보는 동전의 앞뒷면과 같은 불가분의 관계였다. 이 시기를 살았던 한국의 이승만·박정희와 대만의 장제스蔣介石는 당연히 양국 안보에 직접적인 영향을 끼치는 오키나와 정세에 민감하게 반응할 수밖에 없었다. 특히 미국이 거대한 미군기지가 있는 오키나와를 일본에 반환하려 하자, 한국 정부는 "(이 문제는) 극동의 안보상 관계되는 자유국가 전체의 안전에 직결된다"며 날카로운 반응을 보였다. 오키나와의 가데나는 한국전쟁 때 북한을 타격한 미국의 폭격기가 출격한 배후기지였고, 대만에서 유사 사태가 발생할 경우 제1선에서 이에 개입하는 전진기지였기 때문이다. 그 결과 1969년 11월 닉슨 대통령과 사토 총리는 한국과 대만의 안보 불안을 달래기 위해 정상회담 공동성명 네 번째 항목에 다음 구절을 추가한다.

(사토) 총리대신과 (닉슨) 대통령은 특히 한반도에 여전히 긴장 상태가 존재하고 있다는 것에 주목했다. 총리는 한반도의 평화 유지를 위해 유엔이 기울인 노력을 높이 평가하고, 한국의 안전은 일본의 안전에 매우 긴요하다고 말했다. (…) 대통령은 미국의 중화민국(대만)에 대한 조약상의 의무를 언급하고 이를 준수할 것이라고 말했다. 총리는 대만 지역의 평화와 안전을 유지하는 것도 일본의 안전에 매우 중요한 요소라고 말했다.

한편 미일안보조약 5조는 미국이 일본을 방어한다는 '선언적 내용'이었을 뿐 일본이 공격당할 때 미일이 어떻게 역할 분담을 할지 구체적 내용까지 담고 있지는 않았다. 이 공백을 깨달은 미일은 1978년 11월 미일 동맹의 사용 지침서에 해당하는 '미일안보협력지침'(가이드라인)을 제정해 대응에 나섰다.

당시는 미소 갈등이 치열하게 진행되던 냉전시대였다. 일본이 상대해야 할 가장 큰 안보 위협은 소련이었다. 미일은 이 지침을 통해 "일본은 원칙적으로 한정적·소규모 침략은 독자적인 힘으로 배제한다. 그러나 침략의 규모와 형태 등에 따라 그것이 곤란한 경우엔 미국과 협력해 배제한다"는 큰 원칙을 정했다. 하지만 일본에 대한 직접 침략인 일본 유사 사태가 아닌 '일본 이외의 극동 사태가 일본의 안전에 중요 영향을 끼치는 경우 미일 협력'이란 난제에 대해선 "정세의 변화에 따라 그때그때 협의한다. (이런 경우) 일본이 미군에게 제공하는 편의 공여에 대해선 사전에 서로 연구한다. 이 연구에는 미군에 의한 자위대 기지의 공동사용과 그 밖의 편의 제공 방식에 관한 연구가 포함된다"고 결론냈다. "그때그때 협의한다"는 표현에서 알 수 있듯, 결론을 나중으로 미룬 것이다. 여기서 말하는 극동 사태 역시 '한반도 유사 사태'와 '대만 유사 사태'를 의미했다.

시간이 흐르면서 당시 미뤄두었던 문제가 터지기 시작했다. 먼저 위기가 발생한 것은 한반도였다. 1993년 한반도에서 1차 북핵 위기가 시작되자 미국은 북한의 영변 핵시설을 폭격한다는 계획을 진지하게 검토했다. 당시 미국은 일본에 무려 1,500개에 달하는 지원 항목을 제시하며 협력을 요청했다. 전후 〈평화헌법〉의 제약 아래 있던 일본은 난색을 표할 수밖에 없었다. 다행히 1차 북핵 위기는 1994년 10월 북미 직접 대화를 통한 '제네바 합의'로 해결됐다. 하지만 이 사태를 계기로 미일 양국은 한반도에서 유사 사태가 발생했을 때 일본이 미국을 도와 어디까지 역할을 떠맡아야 할지에 대해 명확히 정리해야 할 필요를 느낀다.

그에 대한 해답이 1997년 9월 1차로 개정된 미일안보협력 지침이었다. 1차 개정안에서 미일은 사실상 한반도 유사 사태 등을 의미하는 '주변 사태'라는 개념을 고안해낸다. '주변 사태'가 발생할 경우 일본은 ① 미군에 대한 보급 등 후방지원 ② 전투로 조난된 이들에 대한 구조 ③ 정보 지원 등의 지원을 해야 한다는 원칙이 정해졌다. 이 가운데 일본이 맡아야 할 가장 중요한 활동은 미군에 대한 병참 보급을 의미하는 후방지원이었다.

하지만 전쟁에 나서는 국가를 위해 일본이 병참을 담당한다는 것은 일본 〈평화헌법〉 9조에 저촉될 소지가 있었다. "국제분쟁의 수단으로 무력행사를 영원히 포기"하고 "교전권을 인정하지 않는다"는 헌법 9조 원칙과 '후방지원'을 통해 미국의 무력행사를 지원한다는 안보적 필요성 사이에 모순이 발생한 것이다. 이 문제를 해결하기 위해 일본 정부는 미군을 후방지원할 수 있는 지역적 범위를 뜻하는 '후방지역'이라는 개념을 만들어냈다. 후방지역은 "일본의 영토 및 현재 전투행위가 이뤄지지 않고 있고, 활동이 이뤄지는 시기를 통틀어 전투행위가 이뤄지지 않는다고 인정되는 일본 주변의 공해"(〈주변사태법〉 3조 2항)라고 정의됐다. 일본 정부가 후방지역에서 미국을 후방지원한다면, 미국의 무력행사와 일체화되지 않는 것이고, 따라서 〈평화헌법〉을 위반한 게 아니라는 논리였다. 이후 일본은 이 내용을 일본 국내법에 반영하기 위해 1999년 5월 〈주변사태법〉을 제정했다.

2차 개정이 이뤄진 것은 18년이 흐른 2015년 4월이었다. 이 개정을 추동한 것은 '중국의 부상'이었다. 2010년대 들어 중국의 경제 규모가 일본을 뛰어넘어 세계 2위로 올라서고, 한동안 잠복해 있던 센카쿠열도尖閣列島(중국명 댜오위다오釣魚島)를 둘러싼 중일 간 영토분쟁이 본격화되며 일본은 동중국해에서 진행되는 중국의 현상 변경 시도에 심각한 안보 위협을 느낀다. 일본의 우려는 당시 버락 오바마Barack Obama 행정부가 진행하던 '아시아 재균형' 정책과 맞물리며 미일안보협력지침의 2차 개정으로 이어졌다. 이 과정에서 아베 신조 당시 총리는 2014년 7월 일본 역대 정부가 〈평화헌법〉의 정신을 고려해 행사할 수 없다고 해석해오던 '집단적자위권'의 제약을 풀어버리며(해석 개헌) 일본 시민사회와 크게 충돌했다. 이 개정을 통해 미일 동맹은 이후 그동안의 '지역 동맹'에서 '글로벌 동맹'으로 위상이 달라진 것은 물론 역할과 활동 범위 역시 크게 확장되기에 이른다.

미일안보협력지침 2차 개정과 뒤이은 〈자위대법〉 등 안보법제 제·개정을 통해 크게 두 가지 변화가 이뤄졌다. 첫째, 미일 간 긴밀한 소통을 위해 2016년 11월 동맹조정메커니즘Alliance Coordination Mechanism(ACM)이 만들어지며 두 나라가 이전과 질적으로 다른 심화된 군사 협력을 할 수 있게 됐다. 둘째, 자위대가 집단적자위권을 행사할 수 있게 되면서 자위대의 군사적 역할과 활동 범위가 크게 확대됐다.

그동안 일본은 자국이 현재 처한 안보 상황을 평시-주변 사태-일본 유사 사태 등 3단계로 구분했지만, 개정을 통해 일본이 집단적자위권을 행사할 수 있는 '존립 위기 사태'라는 새로운 단계가 추가됐다. 평시-중요 영향 사태(기존의 주변 사태)-존립 위기 사태(신설. 일본과 밀접한 국가가 공격당해 집단적자위권을 행사할 수 있는 사태)-무력 공격 사태(일본이 직접 공격을 당하는 일본 유사 사태) 등 4단계로 구분한 것이다. 각 사태의 구체적인 의미는 다음과 같다.

평시: 일본에 특별한 안보 위협이 없는 상태

중요 영향 사태: 이대로 방치하면 일본에 대한 직접적인 무력 공격에 이를 수 있는 위험이 있는 사태 등 일본의 평화와 안전에 중요한 영향을 끼치는 사태(〈중요영향사태법〉 제1조)

존립 위기 사태: 일본과 밀접한 관계에 있는 타국에 대한 무력 공격이 발생해, 그로 인해 일본의 존립이 위협받고 국민의 생명 또는 자유 및 행복추구의 권리가 뿌리부터 전복될 명백한 위험이 있는 사태(〈무력공격사태법〉 제2조 4항)

무력 공격 사태: 일본을 상대로 무력 공격이 발생하거나 무력 공격이 발생하는 명확한 위험이 절박해졌다고 인정할 수 있는 사태(〈무력공격사태법〉 제2조 2항)

이런 기준에 따라 일본 정부는 지금 당장 대만 유사 사태가 발생할 경우 현재 상황이 이 네 가지 단계 가운데 어디에 해당하는지 판단해 대응 방침을 정한다.

먼저, 현재 상황이 일본에 대한 공격을 뜻하는 '무력 공격 사태'라고 판단했을 경우엔 자위권적 조치에 따라 일본이 직접 무력을 행사해 적을 물리친다. 중국이 대만을 공격하는 과정에서 오키나와에 있는 주일미군 기지를 선제공격하는 경우가 이에 해당된다. 일본이 반격하고 중국이 다시 이에 대응하면, 두 나라 사이에 전면전이 발생할 수도 있다.

두 번째는 현재 상황을 미국 등 일본과 밀접한 국가가 공격당해 일본의 존립이 위협받는 '존립 위기 사태'로 판단할 경우다. 선불리 단정하긴 힘들지만, 미 함선이 중국의 공격을 받아 침몰하는 등 일본의 존립이 크게 위협받는 상황을 떠올려볼 수 있다. 이 경우 자위대는 〈자위대법〉 제76조 2항에 따라 직접 출동해 무력을 행사할 수 있다. 하지만 자위대가 미국과 대만을 돕기 위해 어디까지 행동에 나설 수 있는지는 명확하지 않다. 그동안 일본 정부는 집단적자위권을 행사하는 사례로 ① 수색구난 ② 해상작전(기뢰 제거나 적의 무력 행사를 지원하는 선박 활동 저지 등의 작전) ③ 미사일 방어(MD) 협력 ④ 미 함선의 방어* 등을 꼽아왔다. 즉 이란의 도발로 페르시아만이 봉쇄될 경우 자위대의 소해정이 현장에 출동해 기뢰를 제거하거나, 미 군함이 적의 공격을 받지 않도록 방어하거나, 괌이나 미 본토로 날아가는 북한의 탄도미사일을 요격하는 등의 활동이다.

하지만 대만 사태는 미중 간의 전면전으로 확대될 가능성도 있어 일본이 섣불리 개입했다간 일본열도 전체가 큰 피해를 입을 수도 있다. 이런 급박하고 위중한 상황 속에서 과연 자위대가 어디까지 사태에 개입해야 하는지에 대해 아직 일본 내에서 구체적이고 차분한 논의가 이뤄지지 않았다. 일본이 집단적자위권을 허용하는 법제 정비에 나섰던 2014~2016년엔 '대만 유사 사태'가 이렇게 빨리 일본의 안보를 위협하는 현안으로 떠오를지 예상하지 못했기 때문이다.

마지막으로 일본 정부가 현재 상황을 일본의 안보에 직접 영향을 끼칠 수 있는 '중요 영향 사태'로 인정하는 경우다. 미중 사이에 저강도 충돌이 발생할 경우를 상정할 수 있다. 이 경우 자위대는 미국을 후방지원(병참지원)하는 역할에

• 2016년 12월 이후 일본이 집단적자위권을 행사해 미국 함선을 방어한 횟수는 2017년 2회, 2018년 16회, 2019년 14회, 2020년 25회이다. 2021년 6월 일본은 오스트레일리아와 외교·국방 장관 회담(2+2회담)을 열어 향후 함선 방어의 대상을 오스트레일리아로까지 확대하기로 합의했다.

머무른다. 다만 2차 개정을 통해 이전보다 후방지원의 범위와 폭이 넓어졌다. 즉 개정 전에는 자위대가 미군에게 직접 탄약을 제공하거나 발진 중인 전투기에 급유할 수 없었지만 지금은 가능해졌다. 일본의 경항모인 이즈모Izumo나 가가Kaga가 대만과 가까운 오키나와 부근에서 미 해병대의 F-35B에 보급을 하는 등의 활동을 예상해볼 수 있다.

네 단계로 나뉜 현재의 대응 체제를 두고 일본 내에서도 하루빨리 손봐야 한다는 지적이 나온다. 가장 큰 문제점은 쉽게 예상할 수 있듯 네 단계로 나뉜 각각의 사태를 구분하는 기준이 분명치 않다는 점이다. 2021년 4월 20일 국회 본회의에서 이에 대한 질문을 받은 스가 당시 총리는 "우리나라의 대응과 관련해 어떤 사태가 중요 영향 사태 등에 해당되는지는 실제 발생한 사태의 개별적·구체적 상황에 따라 정부가 모든 정보를 종합해 객관적·합리적으로 판단하기 때문에 한마디로 말하기는 곤란하다"고 답했다. 기준이 분명치 않기 때문에 자의적으로 판단이 이뤄질 수 있다는 점을 어느 정도 인정한 것이다.

또 다른 문제점은 앞서 언급했듯 지금의 체제가 현재 일본에 가장 큰 안보 위협으로 떠오른 '대만 유사 사태'에 대한 고려가 이뤄지지 않은 상태에서 만들어졌다는 점이다. 이런 공백을 메우기 위해 2021년 4월 미일 정상회담이 개최된 직후부터 일본 내에선 ① 미일안보협력지침의 3차 개정 ② 일본 방위전략의 대폭 손질 등이 필요하다는 주장이 쏟아졌다.

실제로 일본 방위전략의 가장 상위개념인 '국가안전보장전략'은 2013년 처음 제정된 뒤 지금까지 한 번도 개정되지 않았다. 그 하위개념으로 향후 10년간 일본이 추진하는 방위정책의 큰 틀을 제시하는 '방위계획대강'과 향후 5년 동안 자위대가 앞으로 어떤 무기체계를 획득할지를 정하는 '중기방위력정비계획'(2019~2024년에 적용)은 2018년 말 개정된 바 있다.[21] 고다 요지幸田洋二 전 자위함대 사령관은 〈니혼게이자이신문〉 2021년 4월 21일 인터뷰에서 미일 정상이 대만해협을 언급한 것은 "일미 동맹을 재정의한 것"이라며 "일미가 정치한 역할 분담을 협의해 어떻게 역할을 늘려갈 수 있을지 논의가 필요하다"는 견해를 밝혔다.[22] 미일 동맹이 재정의됐으니 그 사용 설명서인 미일안보협력지침과 일본의 방위전략을 다 뜯어고쳐야 한다는 제언이었다.

04

칼을 빼든 일본의
구체적 대응 움직임

고다 전 사령관의 지적대로 현재 일본에선 대만 유사 사태와 관련해 현행 안보전략에 여러 빈틈이 존재한다는 공감대가 형성돼 있다. 그에 따라 이 공백을 메우려는 다양한 작업이 진행되는 중이다. 일본의 접근은 크게 두 갈래로 나뉜다. 첫 번째는 일본 자체의 역량 강화, 두 번째는 미일의 공동 대응이다.

일본 자체의 군사적 역량 강화

일본 자체의 역량 강화와 관련해 전략적 추상성이 낮은 순으로 다음의 세 갈래 움직임이 관찰된다.

첫째, 오키나와를 둘러싼 난세이제도의 무력 강화다. 가장 대표적인 움직임은 규슈-오키나와-대만을 잇는 이른바 제1열도선(제1도련선)에서 중국 해군과 공군의 움직임을 억제하는 작업이다. 2010년대 초 센카쿠열도(중국명 댜오위다오)를 둘러싸고 본격적인 영토분쟁이 시작된 뒤, 일본은 동중국해에서 중국 대륙을 크게 감싸듯 포위하는 모습으로 형성돼 있는 난세이제도를 통해 중국을 견제할 수 있는 전력을 꾸준히 증강해왔다. 중국 해군이 대륙에서 서태평양으로 진출하려면 오키나와 본섬과 미야코宮古섬 사이의 '미야코 수로'를 돌파해야 한다. 일본은 이를 노려 이 지역에 상당한 수준의 지대공·지대함 미사일 부대를 배치해두고 있다. 유사시에 이 기지들이 중국 해군의 움직임을 크게 제한할 것으로 예상된다.*

구체적으로 일본은 2016년 영토의 최서단인 요나구니섬에 160명 규모의 연안 감시대를 신설했고, 2018년 초에는 2,100명 규모의 수륙기동단(일본판 해병대)을 창설해 나가사

---

* 〈한겨레〉는 오키나와의 일본 반환 50주년을 맞아 2022년 5월 17일 자 8면에 미중 갈등의 최전선으로 떠오른 미야코섬을 돌아본 특집 기사("군사요새 전략한 일 최남단 섬…'미사일로는 평화 없다' 외침")를 내보냈다.

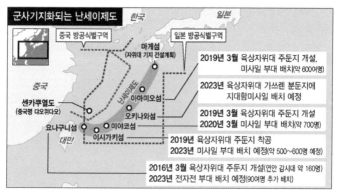

키현 사세보시長崎県 佐世保市에 배치했다. 또 2019년 3월 아마미오奄美大섬에 600여 명, 미야코섬에 700명 규모의 지대공·지대함 미사일 부대를 만들었다. 이들 부대는 03식 중거리 방공용지대공미사일(중SAM)과 12식 지대함미사일 등을 운용하고 있다. 나아가 2022년 말엔 이시가키섬石垣島에 570명 규모의 경비 부대와 지대함미사일 부대를 설치할 예정이다.[23] 또 2023년에 요나구니섬에 전자전 부대 배치를 검토한다는 얘기도 오가고 있다.

이 지역을 방위하기 위한 항공모함 전력도 구축하는 중이다. 2018년 12월 일본은 각의 결정을 통해 경항모 이즈모와

가가에 탑재하기 위해 F-35B 42기를 구매하기로 했다. 일본이 보유한 두 경항모는 앞으로 미 해군 7함대와 함께 동중국해와 남중국해 등에 투입돼 중국을 견제하게 된다.

이런 움직임 가운데서도 특히 도드라지는 것은 일본 방위성이 '12식 지대함 유도탄' 능력 향상을 위한 개발 작업에 나섰다는 점이다. 이 개발이 끝나면 현재 200킬로미터+α(알파)인 현행 미사일의 사정거리가 900킬로미터까지 늘어날 것으로 전망된다. 아마미오섬에서 미사일을 쏘면 저 멀리 상하이 부근을 항해하는 중국 함선을 타격할 수 있는 것이다.[24] 따라서 이 미사일이 개발되면 일본이 사실상 적의 영토 내 미사일 기지를 타격할 수 있는 능력인 '적 기지 공격 능력'을 확보한다는 분석이 이어지고 있다.

둘째, 이런 방위력 강화 움직임을 뒷받침하는 일본 국방예산의 대폭 증액이다. 2021년 5월 25일 자민당 정무조사회는 〈격변하는 안전보장 환경에 대응하는 방위력의 근본적 강화를 위한 제언〉이라는 흥미로운 문서를 내놨다. 이들의 핵심 주장은 일본 정부가 "방위 관계비를 근본적으로 증액"해야 한다는 것이다. 그동안에도 일본 정부는 방위비 1퍼센트 제한 원칙에 구애받지 않겠다는 뜻을 거듭 밝혀왔지만, 이 제언을 계기로 국방비 증액 흐름이 결정적으로 굳어진 것이다. 방위비 1퍼센트 제한 원칙이란 1976년 미키 다케오三木武夫 당시 총리가 일본의 군국주의화를 막기 위해 '방위비를 국민 총생산(GNP)의 1퍼센트 미만으로 제한한다'는 내용을 각의 (국무회의)에서 결정하면서 역대 일본 내각이 지켜온 원칙이다. 현재 일본의 방위비는 일본 국내총생산(GDP)의 0.95퍼센트 수준이다.*

자민당 정무조사회는 이렇게 증액한 방위비를 ① 충분한 양의 탄약 정비와 장비품의 유지와 정비를 위한 비용 확보 ② 새 영역(우주·사이버·전자파)을 포함한 통합 운용 능력의 가속화 ③ 미사일을 포함한 다양한 능력에 대처할 수 있는 능력의 확보 ④ 운송 능력과 위생 능력(의료지원 능력)을 포함한 후방 분야 능력의 근본적 강화 ⑤ 급격히 늘어나는 전력 격차를 하루라도 빨리 메우기 위해 영역 횡단 작전을 통해 일본을 지켜내는 데 필요한 우수한 정면 장비품**(함정·항

• 이와 관련해 일본에선 일본의 2021년 방위비를 북대서양조약기구 기준으로 바꾸면 국내총생산의 0.95퍼센트가 아니라 1.24퍼센트라는 지적도 나온다. "日本の防衛費, GDP比で1.24%と判明…「隠す必要ない」と専門家本紙がNATO基準で試算."(東京新聞, 2022.1.4.)

공기) 수량의 확보에 사용하겠다고 밝혔다.

이 제언은 결국 대만 사태에 대비하기 위한 움직임이라고 해석할 수 있다. 대만 유사 사태가 발생하면, 일본이 미국을 후방지원하기 위해 막대한 탄약과 운송 능력, 위생 능력 등이 필요해지기 때문이다. 또한 자민당 내에서도 난세이제도 여러 섬에 자위대 및 미군의 함선과 항공기가 접안하고 이착륙할 수 있도록 항만과 비행장 등의 인프라를 철저히 정비해야 한다는 의견이 쏟아지고 있다.

제언이 나온 지 다섯 달 뒤인 10월 31일 치러진 중의원 선거를 계기로 일본 안보정책의 큰 변화가 하나둘씩 현실화되기 시작했다. 가장 눈에 띄는 움직임은 일본의 방위비 1퍼센트 제한 원칙이 공식 폐기된 것이다. 불을 당긴 것은 일본의 대표적 극우 정치인인 다카이치 사나에高市早苗 전 총무상(현

•• 전차, 화기, 호위함, 전투기 등 적과의 직접 전투에 사용되는 무기들을 의미하는 일본 자위대의 용어이다. 일본 자위대는 〈평화헌법〉에 따라 무력은 방위만을 위해 사용해야 한다는 전수방위 원칙을 지키고 있기 때문에 이런 알 수 없는 용어를 많이 사용한다. 구체적인 예로 호위함이라는 용어가 있다. 세계적으로는 해군 함정을 구분할 때 크기에 따라 초계함frigate, 구축함destroyer, 순양함cruiser 등의 표현을 쓰지만 일본은 이를 모두 뭉뚱그려 방어를 위한 함선이라며 호위함이라는 용어를 쓴다.

자민당 정조회장)이었다. 중의원 선거가 있기 한 달 전에 치러진 자민당 총재 선거(선거일 2021년 9월 29일)에서 의외로 선전한 다카이치는 일본의 방위비를 유럽 국가들과 같은 수준인 국내총생산의 2퍼센트로 높여야 한다고 주장했다.

이 주장은 곧바로 중의원 선거에서 자민당의 정식 공약으로 채택됐다. 자민당은 '자민당 정책 Bank'라는 이름이 붙은 24쪽 분량의 '선거 공약집'에서 "나토 국가들의 국방예산 목표인 GDP 목표(2퍼센트 이상)를 염두에 두고 방위 관계비를 증액하는 것을 목표로 하겠다"고 밝혔다. 스가 총리가 2021년 4월 미일 정상회담에서 "일본은 동맹 및 지역의 안전보장을 한층 강화하기 위해 자국의 방위력을 강화하기로 결의했다"고 밝힌 각오를 정식 공약에 반영한 것이다.

이후 이는 일본 정부의 공식 정책으로 채택됐다. 2022년 4월 20일 자민당 안전보장조사회는 간부회의를 열어 현재 국민총생산의 1퍼센트 정도인 방위비를 "5년 이내에 2퍼센트 이상"으로 끌어올리는 것을 목표로 삼도록 정부에 요청하기로 했다.[25] 이어 엿새 뒤인 26일 자민당 정무조사회와 안전보장조사회는 이런 내용을 담은 보고서 〈새로운 국가안전보장전략 등의 책정을 향한 제언〉을 발표하고 이틀 뒤인

28일 이를 기시다 후미오 총리岸田文雄에게 전달했다.

셋째, 일본의 국가안전보장전략, 방위계획대강, 중기방위력계획 등의 개정이다. 앞서 언급한 자민당 외교부회의 '대만 정책 검토 프로젝트팀'은 2021년 6월 1일 정부를 향해 제1차 제언을 내놓았다. 프로젝트팀은 "대만의 위기는 우리의 위기"라며 "중요한 것은 관련된 위기가 발생하지 않도록 하는 것, 중국이 대만 침공을 생각하지 못하게 만드는 것이다. 즉 억제력 강화가 급무"라며 안보 문제와 관련해 세 가지 제언을 내놓았다.

① 유사 사태에 대한 대응을 조속히 검토할 것

이른바 대만 유사 사태가 발생할 경우 어떻게 대처할지에 대해선, 상대를 쓸데없이 자극하는 일 없이 묵묵히 사태 대처에 관한 법적 정비를 해둬야 한다. 동시에 동맹국과 연대를 포함한 구체적인 시뮬레이션을 실행해, 대만에 사는 일본인의 퇴거, 국민 보호의 관점에서도 만전을 기할 것을 요구한다.

② 같은 뜻을 공유하는 국가들과의 연대를 통해 억제력을 강화할 것

급속히 군사력을 강화하는 중국을 억제한다는 것은 대만-중국, 미국-중국, 일본-중국의 단순한 군사 균형의 비교에서뿐 아니라 자유롭고 열린 인도태평양의 이념 아래 일·미·호·인(쿼드), 영국, 프랑스, 아세안을 포함하는 가치관을 공유하는 국가들과 연대를 강화하고 일치단결해 힘에 의한 현상의 변경을 허용하지 않는다는 자세를 보이는 것에서도 중요하다. 미국을 중심으로 하는 동지국들과 연대해 대만해협을 포함한 동중국해, 남중국해 혹은 태평양에서 정보 공유 협력 관계를 구축하는 방책을 검토할 필요가 있다.

③ 안전보장에 기여하는 일본-대만의 비군사적 협력과 교류 협력 강화

이 제언에 따라 일본 정부는 2013년 12월 제정된 국가안전보장전략, 2015년 4월 개정한 미일안보협력지침, 2016년 9월 재·개정된 〈자위대법〉을 포함한 안보 관련법 등이 현재 일본이 유지하고 있는 안보전략과 관련하여 미비한 점은 없는지 전면적으로 검토해야 할 필요성을 느끼고 구체적인 후속 작업을 진행하는 중이다. 이 문제를 바라보는 자민당의 자세를 명확히 보여주는 것은 앞서 언급한 2021년 중의원 선거 공약집이다. 자민당은 "중국의 급격한 군비확장, 센카쿠열도·대만 주변 등에서 이뤄지는 군사활동의 급격한 활성화, 힘을 배경으로 하는 일방적인 현상 변경 시도" 등을 언급하며 "스스로의 방위력을 큰 폭으로 강화하고 안전보장과 방위의 바람직한 모습을 정리해 새로운 국가안전보장전략, 방위계획대강, 중기방위력정비계획을 신속하게 책정하겠다"고 밝혔다.

이에 기시다 총리는 2022년 정기국회의 문을 여는 1월 17일 소신 표명 연설에서 "(북한의) 미사일 문제, (중국의) 일방적인 현상 변경 시도의 심각성, 군사 균형의 급속한 변화, 우주·사이버와 같은 새로운 영역이나 경제 안전 보장상의 과제 등을 회피하지 않겠다"면서 "이를 위해 대략 1년 정도를 들여 새로운 국가안전보장전략, 방위계획대강, 중기방위력정비계획을 책정하겠다"고 밝혔다. 기시다 총리의 언급대로 새 국가안전보장전략 등에는 대만 사태에 대한 대응 외에 사이버·우주·경제 안보 등 새로운 영역의 안보 과제에 대한 일본의 대응 방침이 포함될 것으로 전망된다. 또 기시다 총리가 "대략 1년 정도를 들여"라고 말했으니, 새 전략은 2022년 내에 완성될 것으로 보인다.

미일의 공동 대응 강화

다음으로 대만 사태에 대응하기 위한 미일의 공동 대응 강화 움직임을 살펴보자. 이와 관련해 2021년 말 일본에서 매우 의미심장한 보도가 나왔다. 〈교도통신共同通信〉은 2021년 12월 23일 복수의 일본 정부 당국자의 말을 빌려 "자위대와 미군이 대만 유사 사태를 상정해 새로운 미일 공동작전계획의 초안을 책정한 것으로 알려졌다"고 보도했다. 신문은 이어 이 작전계획 초안에는 유사 사태의 초기 단계에서 미 해병대가 가고시마와 오키나와를 포함한 난세이제도에 공격용 임시 군사 거점을 두는 내용이 포함돼 있다고 전했다.[26]

이 보도에 상당한 신빙성이 있었다는 사실은 2022년 1월 7일 미일 외교·국방 장관 공동회담(2+2회담)이 열린 뒤 나온 공동 문서를 통해 확인됐다. 두 나라는 이 문서에서 "지역의 안정을 훼손하는 (중국의) 행동을 억제하고, 필요하면 대처하기 위해 협력하기로 결의했다"고 밝혔다. 2021년 3월 진행된 2+2회담 공동 문서에선 "안정을 훼손하는 (중국의) 행위에" 대해 "반대한다"는 의사 표현에 그쳤지만, 이번엔 이를 "억제하고 필요하면 대처하기 위해 협력"하겠다면서 구체적인 행동에 나서겠다는 의지를 밝힌 것이다. 이후 미일 공동작전계획과 관련해선 다음과 같이 언급했다.

점점 더 곤란해지는 지역의 안전보장 환경에 대응하는 데 있어 미일은 이후 작성되는 각각의 안전보장전략에 관한 중요 문서를 통해 동맹으로서 (양국의) 비전이나 우선 사항의 정합성을 확보하기로 결의했다. 일본은 전략 수정 프로세스를 통해 미사일 위협에 대응하기 위한 능력을 포함해 국가 방위에 필요한 여러 선택지를 검토하겠다는 결의를 표명했다. 미일은 이 프로세스를 통해 긴밀히 연대할 필요성을 강조하고, 동맹의 역할·임무·능력의 진화와 긴급사태에 관한 공동 계획 작성에서 이뤄진 확고한 진전을 환영했다.

이 구절을 잘 읽어보면, 매우 흥미로운 여러 가지 사실을 파악할 수 있다. 먼저 미일은 각각 자국의 국가안전보장전략을 작성하면서 밀접히 의사소통하며 협력하고 있다. 이 과정에서 일본은 미국에게 적 기지 공격 능력을 확보하겠다는 자신들의 결의를 전했고("미사일 위협에 대응하기 위한 능력을 포함해 국가 방위에 필요한 여러 선택지를 검토하겠다는 결의를 표명했다"), 미국의 동의를 이끌어낸 것으로 보인다.* 또 두 나라가 대만 유사 사태에 대응하기 위한 공동작전계획을 작성하는 데 큰 진전을 이뤄냈다("긴급사태에 관한 공동 계획 작성에서 이뤄진 확고한 진전을 환영했다")는 사실도 파악할 수 있다.

이런 흐름 속에서 2022년 5월 23일 이뤄진 미일 정상회담은 두 나라가 중국·러시아의 거센 도전에 맞서 규범에 기초한 '국제질서'를 지키겠다는 결의를 선언하는 무대가 됐다. 기시다 총리는 회담이 끝난 뒤 오후 2시 15분부터 시작된 기자회견에서 "이번 정상회담은 두 가지 의미에서 지금까지와

• 일본이 적 기지 공격 능력을 갖추는 것은 이제 시간문제로 바뀌고 있다. 자민당 안전보장조사회는 4월 26일 공개한 〈새로운 국가안전보장 전략 등의 책정을 향한 제언〉에서 그동안 사용해오던 '적 기지 공격 능력'이란 표현을 '반격 능력'으로 바꿔, "탄도미사일 공격을 포함한 우리 나라에 대한 무력 공격에 대한 반격 능력을 보유해야 한다"는 내용을 넣었다. 그 밖에도 이 제언엔 향후 일본이 자국의 안보를 확보하기 위해 어떤 조처를 취해야 하는지에 대한 종합적인 의견이 담겼다. 이 제언에는 ① 사정거리의 연장과 정밀화 등 미사일뿐 아니라 우주, 사이버, 전자파 기술 등의 발전으로 전투 양상이 이전과는 매우 달라져 그에 대한 대응이 필요하다 ② 중국의 중거리탄도미사일 기술이 발전해 이에 대응하려면 일본도 적을 직접 공격할 수 있는 반격 능력(적 기지 공격 능력)을 보유할 필요성이 커졌다. 타격 대상은 상대의 미사일 기지뿐 아니라 지휘통제기능을 포함해야 한다 ③ 자유롭고 열린 인도태평양(FOIP)을 추진하기 위해 동맹국들과 연대를 강화해야 한다 ④ 핵을 포함한 여러 능력을 사용해 일본을 방어한다는 미국의 서약(확장 억지)을 강화하기 위한 방책을 검토해야 한다 등 하니허나 곱씹어봐야 할 엄청난 내용들이 포함돼 있다.

는 다르게 매우 중요하다"고 운을 뗐다. 그가 언급한 두 가지의 변화란 "러시아의 우크라이나 침략이라는 국제질서 근간을 뒤흔드는 위기"와 중국의 도전에 대응해 "인도태평양 지역의 평화와 번영을 어떻게 확보할 것인가"란 문제였다. 바이든 대통령도 "미일은 2개의 큰 민주주의국가이자 두 경제대국으로 우리 협력은 (블라디미르) 푸틴에게 잔혹한 우크라이나 전쟁에 대한 책임을 묻는 데 불가결"하다고 말했다. 또 '대만 유사 사태가 발생할 경우 미국이 군사적으로 관여하겠냐'는 기자의 질문에 "그렇다(Yes). 그것이 우리의 약속"이라고 말해 큰 파문을 낳았다.

두 나라는 이어 '자유롭고 열린 국제질서의 강화'란 부제가 붙은 이 정상회담 공동성명에서 "글로벌 파트너로서 미일 양국은 규범에 기초한 국제질서가 불가피하며, 어떤 장소에서 벌어지든 국제법과 자유와 공정한 경제질서에 대한 위협은 우리의 가치와 이익에 대한 도전이라는 것을 확인했다"고 선언했다. 이어 관심을 모은 대만해협에 대해선 다음과 같이 언급했다.

기시다 총리와 바이든 대통령은 대만에 대한 양국의 기본적 입장엔 변화가 없다고 언급하며, 국제사회의 안정과 번영에 불가결한 요소인 대만해협의 평화와 안정의 중요성을 다시금 강조했다. 양 정상은 양안 문제의 평화적 해결을 강조했다.

1년 전 공동성명과 달리 대만해협의 평화와 안정이 "국제사회의 안정과 번영에 불가결한 요소"라는 표현을 추가하면서 중요성을 한층 더 강조한 것이다. 나아가, 두 나라는 이를 지켜내기 위해 "동맹의 억지력과 대처력을 강화한다는 서약을 새롭게" 하면서 미일 동맹을 강화하겠다는 뜻을 분명히 했다.

미일 동맹을 강화하기 위한 구체적인 방법론을 언급한 것은 기시다 총리였다. 그는 공동문서에서 "미사일 위협에 대처하기 위한 능력을 포함해 국가 방위에 필요한 여러 선택지를 검토하는 결의"와 "일본의 방위력을 근본적으로 강화해, 그 뒷받침이 되는 방위비가 상당한 정도로 증액되는 결의"를 표명했고, 바이든 대통령은 "이를 강하게 지지"했다. 이를 통해 일본은 국내총생산의 1퍼센트 수준에 머무르는 방위비를 2퍼센트대로 대폭 늘리고, 그동안 갖지 못했던 '적 기지 공격 능력'을 확보하는 문제에서 미국 정부의 강력한 지지를 확보했다.*

미국이 일본의 군비확장과 적 기지 공격 능력을 적극 지지한다는 뜻을 밝히며, 두 나라는 규범에 기초한 국제질서를 지켜낸다는 명분으로 지난 70여 년간 이어져온 미일 동맹의 성격을 근본적으로 바꾸는 긴 여정에 첫발을 들여놓았다. 1952년 4월 동맹을 가동하기 시작한 뒤 미국은 외부의 적을 공격하는 '창', 일본은 전수방위 원칙에 충실하기 위해 자국을 향한 공격을 막아내는 '방패' 역할에 머물러왔다. 하지만 일본이 '적 기지 공격 능력'을 가질 수 있도록 미국이 '족쇄'를 풀어주면서 일본은 중국과 북한의 미사일 기지 등을 공격하는 '창'을 확보할 수 있게 됐다. 기시다 총리는 이와 관련해 자신의 각오를 다지듯 "자유롭고 열린 인도태평양의 실현, 그리고 자유롭고 열린 규범에 기초한 국제질서를 구축

• 이런 내용은 2022년 6월 16일 공개된 '결단과 실행'이라는 이름의 자민당 참의원 선거 공약에 그대로 포함됐다. 특히 방위비 증액과 관련해선 "북대서양조약기구가 국방예산을 국내총생산의 2퍼센트 이상 증액을 목표로 하는 것을 염두에 두고 내년부터 5년 이내에 방위력의 근본적 강화에 필요한 예산 수준의 달성을 목표로 하겠다"며 목표 달성 시점까지 명시했다. 2023년에 시작해 2027년까지 방위예산을 현재의 5조 엔대에서 10조 엔대로 올린다는 대담한 구상을 밝힌 것이다.
7월 10일 치러지는 참의원 선거에서 자민당이 무난히 승리할 것으로 보여 2022년 하반기부터는 일본 방위정책을 뿌리부터 흔드는 이 같은 움직임이 본격화될 것으로 보인다.

하는 데 일미가 불퇴전의 결의로 대응하겠다"고 말했다.

남은 문제는 미일 동맹을 한 차례 더 업그레이드하기 위해 2015년처럼 미일안보협력지침을 재차 개정할지 여부다. 미일 두 나라가 "동맹의 역할·임무·능력의 진화"에 대해 언급한 만큼 이 변화가 지침의 개정이 필요할 정도로 크다고 판단할 경우 개정이 이뤄질 가능성도 있다. 또 미일은 "한국의 새 정권 발족을 환영하며, 안전보장 관계를 포함해 미일한의 긴밀한 관계와 협력이 결정적으로 중요하다"고 선언했다. 앞으로 미일은 중국에 대항하기 위해 한미일 3각 군사협력을 강화하도록 윤석열 정부를 향해 다양한 요구를 쏟아낼 것으로 보인다.

05

'억제론'을 넘어
또 다른 대안은 없을까

지금까지 대만 유사 사태와 관련해 일본 외교안보정책에 직접 영향을 끼치는 일본 주류 사회의 움직임을 살펴봤다. 이들의 주장은 중국이 '현상 변경'의 유혹에 빠져 오판하지 않게 하려면, 미일 동맹이 '억제력'과 '대처력'을 강화해야 하고, 일본의 군사력 역량을 확대하는 등 미일 동맹을 강화해야 한다는 말로 요약할 수 있다. 하지만 중국을 힘과 군사적으로 '억제'하겠다는 미일의 시도는 중국의 강경한 대응을 불러와 동아시아 군비경쟁을 가속화하는 '악순환'으로 이어질 수 있다.

게다가 현재 미일은 자칫 중일 관계를 극단적인 대립으로 몰고갈 수 있는 결정적인 악재를 안고 있다. 2019년 8월 미국이 중거리핵전력조약Intermediate-Range Nuclear Forces Treaty(INF)을 파기한 뒤 수면 위로 떠오른 미국 중거리탄도미사일의 일본 배치 문제다.* 미국이 이 미사일을 일본이 동중국해에 구축해둔 난세이제도의 '중국 포위망'에 배치한다면 어떤 상황이 발생할까? 2016년 한국이 오로지 '방어용'이라며 주한미군 기지에 '사드'를 배치하겠다는 방침을 밝힌 뒤 중국이 '한한령' 등으로 경제보복을 가하면서 한중 관계가 크게 휘청인 바 있다. 그런데 중국을 노리는 노골적인 공격용 무기인 미국의 중거리미사일을 난세이제도에 배치하면, 중일 관계는 물론 미중 관계 역시 1962년 '쿠바 핵 위기'에 버금갈 만큼 매우 험악한 지경에 이를 것은 불 보듯 뻔하다.

미국은 현재 중거리미사일인 장거리초음속무기Long Range

---

* 현재 미국 중거리미사일의 한국 배치는 검토되지 않는 것으로 보인다. 한미 양국은 2021년 5월 정상회담을 통해 한국의 미사일 지침을 완전히 없애버리는 데 합의했다. 이 결정으로 한국은 사거리 제한 없이 미사일을 개발할 수 있게 됐다. 2016~2017년 주한미군에 사드를 배치하는 문제로 큰 홍역을 치른 한국에 미국의 중거리미사일을 배치하는 대신 한국이 자체 미사일 역량을 키우는 쪽으로 양국의 의견 접근이 이뤄졌던 것으로 보인다.

Hypersonic Weapon(LRHW·사정거리 2,775킬로미터)의 개발을 2022년에 끝내고 2023년부터 실전에 배치하기 위해 준비 중인 것으로 알려져 있다. 이와 관련해 〈아사히신문〉은 2021년 7월 8일 미 인도태평양사령부가 제출한 예산 요망서를 분석해 "제1열도선을 따라 배치된 사정거리 500킬로미터 이상의 지상발사형 미사일망 구축에 향후 5년간 총 29억 달러가 계상됐다"고 밝혔다.[27] 신문은 이 예산이 LRHW 배치 관련 예산일 것으로 추정하며, 배치 움직임이 2024~2025년께 구체화될 것으로 예측했다. 다카이치 사나에 정조회장 등 일본 극우 세력들은 이 미사일을 일본에 배치해야 한다고 적극 주장하고 있다.

이런 상황을 피하기 위해 일본의 군사평론가 마에다 데쓰오前田哲男는 〈세카이世界〉 2021년 9월호에 매우 흥미로운 제안을 내놨다. 일본이 난세이제도에 중국을 포위하는 미사일 벽을 구축하는 '억제·대처형 방위'를 통해 끝없는 군비경쟁으로 나서는 대신, 한중일 등 동아시아 국가들이 협력할 수 있는 '협조적 안전보장' 모델을 만들어보자고 제안한 것이다. 이를 위해 그가 내놓은 대안은 '미사일 없는 동아시아'를 만들기 위한 과감한 '제로-제로 전략'이다.

첫 번째 '제로'는 적어도 동아시아에서만이라도 상대의 탄도미사일을 방어할 수 있는 미사일방어(MD)체제를 없애는 것이다. 그러려면 1972~2001년까지 존재했던 탄도탄요격미사일협정(ABM)의 동아시아판 모델을 만들어야 한다. 두 번째 '제로'는 상대를 직접 위협할 수 있는 중거리미사일을 없애는 것이다. 이를 위해 마에다는 1987~2019년까지 존재했던 중거리핵전력조약(INF)의 동아시아판 모델을 만들자고 호소한다. 이렇게 되면 한국과 일본은 이지스함, 사드, 패트리엇(PAC)-3 미사일 등으로 구성되는 미사일 방어망을 만들기 위해 막대한 예산을 낭비할 필요가 없고, 미국의 중거리미사일을 받아들여 중일 관계를 파국으로 몰고 가는 상황도 피할 수 있다.[28]

하지만 미일 동맹과 중국 사이에 상호 불신의 벽이 너무 높은 데다, 중국이 자신들이 우위를 차지하고 있는 중거리미사일 전력을 포기할 가능성은 사실상 없어 이 구상이 현실화될 가능성은 높지 않다. 미국은 현재 국면을 민주주의와 권위주의가 대결하는 결정적 시점으로 보고 있고, 중국은 미일의 압박을 중화민국의 위대한 부흥을 억누르려는 음모라고 본다. 오히려 중국 내 전문가들은 미국이 동맹국을 동원해 군사적 압박을 강화하는 상황을 타개하기 위해 '핵무기 선제 불사용' 원칙을 재검토할 필요가 있다는 극단적인 주장까지 내놓고 있다.[29]

전체적으로 볼 때 비록 소수이지만, 일본이 '대중 억제력'을 강화한다는 명분으로 대결적 안보정책을 쏟아내는 대신, 동아시아 지역 전체의 긴장 완화와 군축을 위한 협상의 틀을 만드는 데 앞장서야 한다는 주장도 있다. 일본의 유럽연합(EU) 대표부 차석대사를 역임한 우에다 다카코植田隆子는 〈아사히신문〉에 "미국, 영국, 러시아 등 57개국이 모인 대화의 틀인 유럽안보협력기구Organization for Security and Cooperation in Europe(OSCE) 같은 기구를 아시아에서도 만들어야 한다. 아시아에서 일본, 오스트레일리아, 인도, 미국, 중국, 러시아 등이 참여하는 상설적 안보 대화의 장이 만들어지면 위기가 발생했을 때 긴급회의 개최나 분쟁의 확대 방지에 역할을 할 수 있다"고 지적했다.[30]

돌이켜보면, 센카쿠열도를 둘러싼 중일 갈등이 본격화되기 전까지만 해도 이 지역 바다는 대만과 일본 민중이 자유롭게 교류하던 평화의 바다였다. 일본 통치 시대엔 대만에서 이시가키섬으로 이민 온 사람들도 많았고, 일본의 패전으로 나라가 갈라진 뒤에도 대만과 요나구니섬 사이엔 수시로 밀무역을 하는 배가 오갔다.

이런 전통에 의거해 요나구니정의회는 중일 갈등이 표면화되기 전인 2005년 3월 '요나구니 자립 비전'을 결의했다. 이 결의의 핵심은 일본 정부에 대만과 자유롭게 교류할 수 있도록 섬을 비자 없이 자유 왕래가 가능한 '국경 교류 특구'로 선정해달라는 요구였다. 하지만 불과 3년 만에 모든 것이 변했다. 중일 갈등이 본격적으로 모습을 드러내기 직전인 2008년 1월 요나구니방위협회가 결성됐기 때문이다. 이 단체는 중일 갈등에 대비해 방위성이 추진하던 자위대 배치 계획에 찬성하는 주민들이 만든 주민 모임이었다. 이후 일본과 대만의 지방도시 간에 활발하게 이뤄지던 교류는 크게 줄었고, 인구가 고작 1,700명에 불과한 작은 섬에 방위협회를 중심으로 자위대 기지를 유치하자는 활동이 시작됐다. 이후 섬은 급속히 군사도시로 변모했다.[31]

중일이라는 거대한 국가 간에 무력충돌이 발생하면 피해를 보는 것은 최전선에 내몰린 민중뿐이다. 2018년 12월 3일 일본공산당 기관지 〈아카하타しんぶん赤旗〉는 난세이제도의 이시가키섬을 적에게 빼앗길 경우 자위대가 병력을 투입해 탈

환하는 과정을 시뮬레이션한 극비 문서를 공개했다. 자위대 병력 2,000여 명이 지키는 섬을 적 4,500명이 침공한다고 가정하면, 섬 전체를 배경으로 처절한 전투가 벌어져 자위대 병력은 538명까지 감소한다. 하지만 본토에서 1,774명이 증원돼 최종적으로 자위대원 899명이 살아남아 섬을 탈환한다는 내용이었다.

전투는 인구 4만 5,000명이 살아가는 섬 전체에서 벌어지지만, 문서는 "주민 보호는 '자위대의 주 임무가 아니다'"는 말로 이를 고려 대상으로 삼지 않고 있다는 걸 드러낸다. 태평양전쟁 말기인 1945년 3월 말 시작된 오키나와전쟁 때처럼 일본 정부는 '국체의 보전'이라는 목표를 위해 주민의 생명 따위는 안중에도 없다는 듯한 태도를 보인 것이다. 이를 두고 '이시가키섬에 군사기지를 만들지 못하게 하는 시민연락회'의 후지이 야스코藤井幸子는 "흡사 주민들이 없는 것처럼 전투가 상정되어 있다. 죄 없는 일반인을 희생시킨 오키나와전쟁을 되풀이하려는 것이냐"고 물었다.[32]

〈한겨레〉는 지난 5월 중순 2020년 3월 미사일 부대가 배치되며 신냉전의 최전선으로 바뀐 미야코섬을 둘러봤다. 섬 주민들은 2015년 미사일 기지 건설 계획이 알려지기 시작할 때부터 이 계획을 막기 위한 투쟁을 이어왔다. 매주 수요일 오후 5~6시엔 시내에서, 목요일 오전 9~10시엔 미사일 부대 앞에서 선전전을 벌인다. 현장에서 만난 오모 가야코(76)는 "힘과 힘이 대결하면 평화를 만들 수 없다는 것을 우리는 이미 오키나와전을 통해 배웠다"며 "미야코지마(미야코섬)가 군사기지화되면 전쟁에 더 가까워지는 것"이라고 말했다. 허리가 아파 복대까지 차고 참석한 다바타 마스오(84)도 "미야코지마는 산도 강도 없는 대부분 평야지대다. 전쟁이 나면 피할 곳이 없다"며 "솔직히 중국보다 눈앞에 있는 미사일 기지가 더 고통스럽고 두렵다"고 호소했다.[33]

대만해협을 사이에 놓고 미일 동맹과 중국 사이에 무력충돌이 발생해 전면전으로 확대되면 중일 양국 모두에서 상상도 할 수 없는 많은 인명이 희생될지 모른다. 그런 비극을 피하기 위해서라도 상호 불신과 억제에 기초한 대결적 자세를 버리고, 평화로운 동아시아를 만들기 위해 허심탄회한 대화를 시작해보려는 어려운 한 걸음을 내디뎌야 한다. 하지만 2015년 여름 일본 사회를 뒤흔들었던 안보 법제 투쟁이 사실상 실패한 뒤 이 같은 주장을 하는 이들은 현재 일본 사회에 소수로만 존재할 뿐, 실제 안보정책에 의미 있는 영향력을 행사할 만한 정치적 실체로 떠오르지 못하고 있다. 현재 일본 사회는 중국을 억제하기 위해 다시 무력을 증강해야 한다는 흐름이 대세를 이루고 있다.

억제력 강화가 정말 상대를 억제할 수 있을까? 억제를 위해 서로 무력을 증강하는 군비경쟁 속에서 우발적 충돌이 전면전으로 확대된다면, 한국, 중국, 일본, 오키나와, 대만 민중들은 지난 수십 년 동안 자신들이 이뤄낸 모든 성취가 한순간에 사라져버리는 비극을 경험할지 모른다. 이 지역에서 발생한 전면전은 세계 1·2·3위 대국을 모두 끌어들인다는 점에서 인류 전체에 상상할 수도 없는 큰 상처를 남길 수밖에 없다. 대만해협과 우크라이나에서 진행 중인 뿌리 깊고 살벌한 갈등을 보며, 세계가 서로 대립하고 증오하는 '새로운 냉전'에 진입하고 있다는 사실을 통감한다.

평화를 갈구하는 오키나와인들의 호소에 부응하여 대결을 멈추고 화해로 나아갈 수 있는 묘수는 없을까? 여러 생각이 복잡하게 이어지지만, 똑 부러진 대안은 떠오르지 않고 시름만 깊어간다.

3부

대만해협 위기와 동맹의 체인: 남북한은 연루될 것인가?

정욱식

01

주한미군 사령관
청문회 풍경

대만해협에서 전쟁이나 이에 준하는 상황이 발생하면, 우리에게도 결코 '바다 건너 불'이 아닐 수 있다. 이러한 진단이 결코 기우만은 아니라는 점을 잘 보여준 장면이 있었다. 2021년 5월 18일 미국 상원 군사위원회에서 열린 폴 러캐머라Paul J. LaCamera 주한미군 사령관의 인준 청문회가 바로 그것이다. 러캐머라는 청문회 서면 답변서에서 "주한미군은 인도태평양 사령관에게 역외(한반도 밖) 우발사태나 지역적 위협에 대응하는 데 여러 선택지를 제공할 수 있는 독특한 위치를 차지하고 있다"면서, "인도태평양사령부의 우발 계획과 작전계획에 주한미군의 능력을 포함시키는 것을 옹호할 것"

이라고 밝혔다.[1]

약 2시간이 소요된 청문회에선 중국이 37번이나 언급될 정도로 중국에 대한 관심이 높았다. 인도태평양 사령관이 아니라 주한미군 사령관을 대상으로 한 청문회에서 중국이 이렇게 많이 언급된 것은 대단히 이례적인 일이다. 중국이 언급된 맥락도 주목할 필요가 있다. 과거에는 한반도 비핵화를 비롯한 대북정책의 맥락에서 중국의 역할이 주로 언급되었다면, 이번에는 대만과 중국 양안 관계가 주된 논점으로 대만도 12번이나 언급되었을 정도다. 가령 이런 대화도 있었다.

조쉬 할리 상원의원 만약 중국이 대만 침략을 시도하면, 북한은 기회의 창이 열렸다고 생각하지 않을까요? 미국이 중국과 충돌해 (북한을 상대로 주한미군의) 자산과 자원을 더 이상 가용할 수 없다면 말이죠.

러캐머라 북한은 남한을 공격하려고 할 때, 우리뿐만 아니라 한국의 능력도 주목해야 할 겁니다. 그리고 솔직히 유엔사령부 참여국 등등이 대응할 겁니다.

할리가 말한 "기회의 창"이란 북한의 남한 공격을 의미한다. 미국외교협회(CFR) 보고서에서도 미중 무력충돌 발생 시 "러시아, 이란, 북한이 모종의 행동을 고려할 수 있다"며 "미국은 이에 대비해야 한다"고 주장했다.

이러한 내용들을 포함해 최근 일련의 흐름을 종합해보면 몇 가지 주목해야 할 점이 있다. 첫째, 적어도 미국에선 대만해협 사태 발생 시 주한미군 투입 옵션을 기정사실화하고 있다는 점이다. 둘째, 그럴 경우 주한미군의 공백을 메우기 위해 유엔사 강화를 추진해왔을 것이라는 점이다. 셋째, 미국은 전시작전권 이양 이후 주한미군의 전략적 유연성을 더욱 가속화할 공산이 크다는 점이다. 이와 관련해 할리는 "작전권 조정은 주한미군의 임무 및 배치 재조정을 위해 우리에게 필요한 유연성을 제공해주느냐"고 물었고, 러캐머라는 "그렇다"고 답했다.

주한미군의 전략적 유연성은 뒤에서 다루도록 하고, 먼저 유엔사 강화 문제를 간략히 살펴보려고 한다. 미국은 2009년부터 한미연합훈련을 '다자화'하기 시작했다. 유엔사령부 산하에 다국적협조센터Multi National Coordination Center가 설립되어 유엔사 전력 공여국들이 연합훈련에 본격적으로 참가하기 시작한 것이다. 이와 관련해 2014년에 다국적협조센터 부소장을 맡았던 크리스 오스틴Chris Austin 대령은 "최근 전력 공여국의 역할은 참관단을 보내는 수준에서 더욱 확대되었다"고 밝혔다.[2] 이런 움직임은 미국이 주한미군의 전략적 유연성을 추진해온 것과 시기적으로 일치한다. 러캐머라의 발언처럼 주한미군 전력이 대만해협 등으로 차출되어 주한미군의 공백이 발생할 경우에 대비해 유엔사를 강화하고 있다는 해석을 가능케 하는 부분이다.

02

대만해협을 둘러싼
동상이몽과 불안한 균형

2021년 1월 미국의 조 바이든 행정부 등장 이후 주요 정상회담에서 단골 메뉴처럼 등장하는 표현이 있다. 바로 "대만해협의 안정과 평화"이다. 이 표현은 2021년 4월 미일 정상회담, 5월 한미 정상회담, 6월 G7 정상회담 공동성명에 모두 담겼다. 미일 정상회담에선 52년 만에, 한미 정상회담과 G7 정상회담 성명에선 처음 있는 일이었다. 그만큼 미국이 중국과의 전략 경쟁에서 대만의 미래를 '핫스폿'으로 여기며 동맹국들의 힘을 결집하고 있다는 것을 확인할 수 있다.

가장 핵심적인 문제는 대만 문제의 향방이 미중 전략 경쟁 구도에서 매우 중요한 위치를 점하고 있다는 것이다. 크게 볼 때 미중 전략 경쟁은 지정학, 지리경제학(지경학), 첨단 기술, 이념과 가치 네 가지 차원에서 전개되고 있다.[3] 그리고 대만은 이 문제들을 모두 아우르고 있다. '불침항모'로도 불리는 대만의 지정학적 함의는 이 책의 핵심 주제이다. 지경학적으로 보더라도 대만은 세계 20위 정도의 주요 경제국이면서 세계 최대 물동량 지역인 인도태평양 해상 수송로의 중간에 위치해 있다. 또 대만은 미중 기술경쟁의 대표적인 품목인 반도체 선진기술 보유국이다. 여기에 대만, 미국, 일본 등이 민주주의와 인권을 중심으로 이념과 가치를 공유하고 강조할수록 중국과의 갈등도 커지고 있다.

이러한 맥락에서 볼 때, 대만의 미래는 미중 전략 경쟁의 미래에서 가장 중요한 변수라고 해도 과언이 아니다. 어떠한 형태로든 중국이 대만을 통일하면, 미국을 더욱 빠르게 추격하거나 추월할 가능성도 그만큼 높아질 것이다. '내 눈에 흙이 들어가기 전에는 중국이 추월하는 꼴을 결코 보지 않겠다'는 결기가 강해지고 있는 미국으로서는 절대 받아들이기 힘든 현실인 것이다.

바로 이 대목에서 대만을 둘러싼 미중의 동상이몽同床異夢을 발견하게 된다. '동상'은 두 나라 모두 "대만해협의 안정과 평화"를 강조하고 있다는 것이다. 반면 '이몽'은 미국이 말하는 "대만해협의 안정과 평화"는 '현상 유지'와 같은 말인데, 중국은 "대만해협의 안정과 평화"를 달성할 수 있는 궁극적인 방식은 평화적 통일, 즉 '현상 변경'이라고 여긴다는 것이다.

미국은 양안 관계의 현상 유지를 위해 전통적으로 '이중억제'를 추구해왔다. 중국이 강제적으로 대만 통일을 시도하려는 것도, 대만이 독립을 추구하려는 것도 '억제하는 것'이다. 1979년 〈대만관계법〉과 '하나의 중국' 원칙을 지지한다는 입장은 이러한 이중 억제의 두 축이다. 그러나 이제 이중억제는 중국과 대만 양측으로부터 도전받고 있다. 우선 중국의 대만 통일 의지는 갈수록 강해지고 있다. 그리고 미국은 중국의 위협적인 언행이 대만해협의 안정과 평화를 해치고 있다고 여긴다. 특히 중국이 무력 사용이나 사용 위협을 통해 대만 통일을 시도하는 것을 '금지선'으로 설정하고 있다. 미국은 "대만이 중국에 맞서 스스로를 지킬 수 있도록 돕겠다"거나 심지어 군사개입까지 시사하면서 대만 방어 의지를 분명히 하고 있다.

대만이 '사실상'의 독립을 추구하려는 움직임도 나타나고 있다. 양안 관계의 기초는 1992년 중국과 대만이 합의한 '92 컨센서스'에 있다. 핵심적인 내용은 양측 모두 '하나의 중국' 원칙을 받아들이면서도 중국을 대표하는 정부가 어디인지에 대해서는 각자의 해석에 맡긴다는 것이다. 그러나 '대만 독립'을 당 강령에 명시한 민진당의 차이잉원 총통이 연거푸 집권에 성공하면서 '92컨센서스'는 중대 도전에 직면했다. 차이잉원 정부가 독립을 명시적으로 추진하는 것은 아니지만 이 합의를 인정하지 않고 있기 때문이다.

이 와중에 트럼프 행정부 이후 미국의 균형추가 대만 쪽으로 쏠리기 시작했다. 특히 최근 미국 행정부들이 1982년 레이건 행정부가 대만에 약속한 '6대 보장'을 공식화한 데 주목할 필요가 있다. 6대 보장은 △ 대만에 대한 무기수출 종료 시한을 정하지 않는다 △ 대만과 중국의 관계를 중재하지 않는다 △ 〈대만관계법〉을 변경하지 않는다 △ 대만에 대한 무기수출을 중국에 사전 통보하지 않는다 △ 대만이 중국과 협상에 나서도록 압력을 행사하지 않는다 △ 대만에 대한 중국의 주권을 공식적으로 인정하지 않는다는 내용이다. 이러한 6대 보장은 1972년 이래 미중 관계의 초석으로 기능해온 '하나의 중국' 원칙과 상당히 배치되기 때문에 미중 갈등을 심화시킬 수 있다. 이에 따라 과거 미국 행정부들은 6대 보장을 공식적으로 언급하기를 꺼려했다. 그러나 트럼프 행정부에 이어 바이든 행정부도 6대 보장을 공식적으로 언급했다. 중국의 눈에는 미국이 '하나의 중국'을 뒤흔들고 있는 것으로밖에 보이지 않는 현실이다.

이처럼 대만은 사실상의 독립을 추구하고 미국은 대만을 사실상의 독립국으로 대하려는 경향이 강해지고 있다. 그러자 중국은 대만의 독립 가능성을 극도로 경계하면서 궁극적으로는 양안 관계의 '현상 변경'을 원하고 있다. "대만해협의 통일이 지역과 세계의 평화와 안정을 유지하는 최선의 해답"이라는 것이다. 이에 따라 '하나의 중국' 원칙을 저해하거나 부정하려는 언행에 극도로 민감한 반응을 보인다. 특히 "어떤 나라도 대만 문제에 개입하는 것을 용납하지 않겠다"며 '금지선'을 분명히 하고 있다. 이 원칙을 천명한 것이 2005년에 제정한 〈반분열국가법〉이다. "대만 독립을 주장하는 분열 세력이 어떠한 방식으로든 대만을 중국과 분열시키거나, 대만이 중국으로부터 분열되는 중대한 사변이 발생할 경우, 혹은 평화통일의 가능성을 완전히 상실할 경우 중국은 비평화적 방식과 다른 필요한 조처를 통해 국가주권과 영토완정을 지킬 것"이라고 밝힌 것이다.

문제는 미중 양측이 서로가 그어놓은 금지선에 점차 다가서고 있다는 것이다. 적어도 두 나라는 그렇게 생각한다. 미국 등 서방세계에선 중국이 2035년 이전에 강압적인 방식으로 대만 통일에 나설 것이라는 전망이 힘을 얻고 있다. 미국은 이에 대비해 군비증강에 나서면서 대만에 무기수출을 늘리고 동맹국들의 힘을 모으려고 한다. 중국이 '대만 침공 시도'라는 금지선을 넘지 못하게 하겠다는 것이다. 중국도 대만이 독립을 시도할 경우 무력을 사용할 수도 있다는 뜻을 분명히 밝히면서 유사시 미국과 그 동맹국의 접근을 차단하고 억제할 수 있는 군사력 현대화와 군사훈련에 박차를 가하고 있다. 이처럼 대만해협을 둘러싼 위기의 저변에는 양립하기 어려운 여러 가지 불안한 균형이 깔려 있다. 그리고 불안한 균형의 핵심에는 군사적 억제가 똬리를 틀고 있다. 미국은 중국의 무력 통일 시도를 억제하는 데, 중국은 대만의 독립 시도나 미국의 방조, 유사시 미국과 그 동맹국의 개입을 억제하는 데 주안점을 두고 있다. 최근 격화되고 있는 미국과 중국을 비롯한 인도태평양 지역에서의 군비경쟁과 군사태세 강화는 바로 이 지점에서 비롯된 것이다.

이외에도 아슬아슬한 균형은 또 있다. 대만은 공식적으로 독립을 선포하는 것이 얼마나 위험한 선택인지 잘 알고 있다. 그런데도 사실상의 독립을 추구하려는 경향이 강해지고 있다. 이는 중국이 〈반분열국가법〉을 통해 "비평화적 조처"를 동원할 수도 있다고 규정한 "평화통일의 가능성을 완전히 상실할 경우"에 해당될 수 있다.

이는 양안 억제 논리의 충돌로도 연결된다. 대만은 중국의 군사적 위협을 억제하기 위해 군비증강과 우호 세력 결집에 박차를 가하고 있다. 그런데 중국은 이를 대만이 군사력을 통해 독립을 시도하는 것이라고 간주한다. 이와 관련해 중국 국무원의 대만 판공실은 "민진당 당국이 주제넘게 무력으로 독립을 꾀하는 망상"을 품고 있다고 주장하면서 "민진당 당국이 외부 세력과 연계해 무력으로 독립을 도모하는 것은 결코 실현될 수 없다"고 밝혔다.[4] 중국은 대만-미국의 대중 억제력이 강해질수록 대만 통일은 더욱 어려워지고 대만 독립이 가시화될 수 있다고 보고 있다.

이처럼 대만해협의 핵심적인 세 주체인 미국, 중국, 대만이 억제에 방점을 찍는다면 군비경쟁과 군사적 긴장 고조를 피하기 어려워진다. 이는 우발적·국지적 충돌 가능성을 높이면서 충돌 발생 시 확전의 위험도 수반한다. 또 중국이 '예방 전쟁'을 시도할 가능성도 배제할 수 없다. 대만이 공식적인 독립을 선언할 가능성이 크다고 판단하거나 이에 준하는 상황이 도래하는 것을 예방하기 위해 무력 사용에 나설 수도 있는 것이다.

03

왜 한국의 연루 위험을
걱정하는가?

대만 사태와 주한미군의 전략적 유연성

양안 문제의 평화적 해결 가능성이 줄어들고 대만 문제가 미중 전략 경쟁의 핵심 무대가 될수록 대만해협의 안정과 평화가 깨질 가능성은 높아질 수밖에 없다. 이 문제가 우리에게 중요한 것은 이러한 상황을 예방하는 데 우리가 할 수 있는 역할은 극히 제한적인 반면, 상황 발생 시 우리의 운명이 급격히 타자화될 가능성은 크기 때문이다.

이미 심상치 않은 조짐이 보이고 있다. 우선 2020년부터 오산 공군기지에 있는 미군의 고공정찰기 U-2S가 황해(서해), 대만해협, 남중국해 등으로 날아가 중국을 감시하는 일이 잦아지고 있다. 또 2021년 6월 초에는 미군의 초대형 군수송기인 '글로브마스터(C-17)'가 오산기지에서 미국 상원의원 3명과 백신을 싣고 대만으로 날아가기도 했다.

이처럼 미국이 필요에 따라 주한미군 전력을 한반도 역외로 전개하는 것을 '주한미군의 전략적 유연성'이라고 부른다. 기실 이 문제가 새로운 것은 아니다. 2000년대 초중반에 한미 간에, 또 국내에서도 크게 문제가 되었다. 당시 조지 W. 부시George W. Bush 행정부는 해외 주둔 미군 재배치Global Posture Review 전략의 일환으로 주한미군의 전략적 유연성을 추구했다. 미국이 벌인 아프가니스탄과 이라크 전쟁 등 당장의 필요뿐만 아니라 동북아 분쟁, 즉 중국과의 무력충돌 발생 시에도 주한미군을 투입할 수 있는 선택지를 강화하겠다는 것이 골자였다.

결국 이 논란은 2006년 1월 한미 정부의 발표로 매듭지어지는 듯했다. "한국은 동맹국으로서 미국의 세계 군사전략 변화의 논리를 충분히 이해하고 주한미군의 전략적 유연성의 필요성을 존중한다"고 했다. 동시에 "전략적 유연성의 이행에 있어서 미국은 한국이 한국민의 의지와 관계없이 동북아 지역 분쟁에 개입되는 일은 없을 것이라는 한국의 입장을 존중한다"고도 했다. 그러나 이는 양측의 해석 차이로 이어졌다. '주한미군이 동북아 지역 분쟁에 개입하는 것을 어떻게 봐야 하느냐'는 문제가 부상한 것이다.

주한미군은 미국 군사력의 일부이지만 한미상호방위조약에 따라 한국 영토에 주둔하고 있다. 이에 따라 주한미군이 미중 군사 충돌 시 개입하면 한국도 원치 않는 분쟁에 휘말릴 위험성이 대단히 커진다. 중국-대만, 혹은 미중 충돌의 직접 당사자가 아닌 한국이 중국에 군사적 적대행위를 하는 셈이고, 이는 중국의 보복을 초래할 수 있기 때문이다. 이를 우려한 노무현 당시 대통령은 "실질적 합의는 한국 정부가 동의하지 않는 한 (주한미군도) 움직이지 못한다는 것"이라고 강조했다. 하지만 부시 행정부는 "주한미군을 어떻게 이용하느냐는 미국의 주권 사항"이라며 대만해협에도 투입될 수 있다는 입장을 보였다.

그후로도 이 논란은 깔끔하게 해결되지 않았다. "주한미군의 전략적 유연성"이라는 표현은 거의 사라지다시피 했지만, 이후에도 미국은 정권 교체와 관계없이 주한미군의 전략적 유연성을 꾸준히 추구해왔다. 급기야 미국은 2021년 5월 한미 정상회담 공동성명에 "대만해협에서의 평화와 안정 유지의 중요성을 강조하였다"는 문구를 포함시키는 성과(?)
도 거뒀다. 그로부터 7개월 후에 열린 한미안보협의회Security
Consultant Meeting(SCM) 공동성명에도 같은 내용이 들어갔다. 한
미 정상회담이나 SCM에 이러한 내용이 포함된 것은 사상
처음이다.

바로 이 대목에서 당시 문재인 정부의 안일하고도 위험한
상황 인식을 지적하지 않을 수 없다. 대통령을 포함해 문재
인 정부 인사들 가운데 상당수는 노무현 정부 때 고위직에
있었고, 그런 만큼 전략적 유연성이 얼마나 중차대한 문제인
지를 기억할 것이다. 그런데도 문재인 정부는 한미 공동성명
에 대만해협 문제를 넣자는 미국의 요구를 들어주고 말았다.

나는 이러한 내용을 접하면서 2006년에 있었던 일을 떠올
렸다. 당시 나는 전략적 유연성의 위험성과 더불어 이에 대
한 노무현 정부의 안일한 태도를 강하게 비판했다. 그러자
정부 관료들은 "미래를 왜 그렇게 부정적으로 보느냐? 미국
과 중국이 군사적으로 충돌할 일은 없을 것"이라거나 "미래
에 그런 상황이 발생하면 그때 가서 판단하면 된다"는 반응
을 보였다. 심지어 나는 "비관주의, 패배주의에서 벗어나라"
는 말까지 들었다.

당시의 상황과 오늘날의 상황은 묘한 기시감을 불러일으킨다. 예나 지금이나 미국은 미래에 발생할 수 있는 일에 대비해 주한미군을 한반도 '역외' 분쟁에 투입할 선택지를 강구해왔다. 그런데 정작 한국은 시간이 지날수록 그 문제에 둔감해지고 있다. 노무현 정부는 그에 대한 우려라도 보였지만 이후 정부들에선 그조차도 찾아보기 어렵다. 많은 이들은 한미동맹이 본격적으로 중국을 겨냥하기 시작했다고 분석하는데, 정부는 특정 국가를 가리키는 게 아니라고 항변해왔다.

대만해협의 위기가 고조되는 가운데, 이에 대한 국내 정치권의 입장은 크게 두 가지로 나뉜다. 하나는 대만 문제에 한국이 개입하는 것은 "민감한 문제"라면서 "한미 동맹을 근간으로 중국과의 동반자 관계를 발전시켜나간다는 원칙으로 대처가 필요하다"는 원론적인 입장이다. 이는 20대 대통령 선거 당시 이재명 캠프 쪽에서 내놓은 답변이다. 또 하나는 주한미군 전력이 양안 사태에 개입할 수 있는 수준은 안 된다는 것이다. 이와 관련해 당시 윤석열 캠프의 김성한 외교안보정책본부장은 "대만해협 사태에서 주한미군의 필요성은 감시정찰 정도에 한정돼 있다고 생각한다"며, 그 근거로 "주한미군 전력의 상당 부분은 육군"이라는 점을 들었다.[5] 참고로 현재 김성한은 윤석열 정부의 국가안보실장을 맡고 있다.

그러나 앞서 설명한 것처럼, '가랑비에 옷 젖듯' 주한미군의 전략적 유연성은 강해지고 있다. 이는 미중 전략 경쟁의 격화와 맞물려 한국이 미중 관계에서 추구해온 전략적 모호성과 균형 외교, 그리고 안미경중安美経中이 갈수록 도전받고 있다는 것을 의미한다. 특히 주한미군에 대한 한국의 주권적 통제가 거의 전무한 현실에서 우리의 의사와 무관하게 주한미군이 미중 충돌에 동원될 경우 한국이 이에 연루될 위험은 상존한다.

주한미군이 육군 위주여서 미중 충돌에 동원될 가능성이 낮다는 인식도 매우 위험하다. 우선 주한미군의 전략적 유연성에 '차출flow-out'만 있는 것이 아니다. 역외 미국 군사력을 한국에 투입하는 '유입flow-in', 한국을 거쳐 가는 '경유flow-through'도 있다. 또 주한미군 육군 전력도 대형 수송기를 이용해 대만에 전개될 수 있고, 오산 공군기지와 군산 공군기지는 중국과 가장 가까운 미 공군기지들이다. 미 해군이 기항지로 이용할 수 있는 제주 해군기지도 있고 경북 성주에 배치된 사드도 있다. 대만 사태 발생 시 동맹의 체인에 엮여 몽유병자처럼 전쟁에 끌려들어갈 수 있다고 우려하는 까닭은 바로 이 지점들에 있는 것이다.

한국의 안일한 인식과 달리 북한과 중국은 대만해협 사태 발생 시 주한미군의 투입 가능성을 경계하고 있다. 2021년 10월 23일 북한은 박명호 외무성 부상의 명의로 담화를 내 났다. "대만 정세는 조선반도 정세와 결코 무관하지 않다"며, 그 근거 가운데 하나로 "남조선 주둔 미군 병력과 군사기지 들이 대중국 압박에 이용되고" 있다는 주장을 폈다. 중국의 유일한 동맹국인 북한이 대만 문제를 언급하면서 주한미군 의 전략적 유연성의 위험성을 강조한 것은 분명 주목할 만 한 일이다.

노무현 정부 때부터 주한미군의 전략적 유연성을 예의주 시해왔던 중국도 경계심을 드러내고 있다. 홍콩의 〈사우스 차이나모닝포스트South China Morning Post〉(SCMP)에 따르면, 중 국현대국제관계연구원中国现代国際関系研究院은 한미 동맹이 중 국을 겨냥한 형태로 강화되고 있는 상황에 대비해야 한다는 취지의 보고서를 냈다. 보고서는 중국에게 최악의 시나리오 가운데 하나는 대만을 둘러싸고 미중 간에 충돌이 발생할 경우 주한미군이 동원되는 것이라고 주장했다. "한국이 주한 미군을 동원하려는 미국에 반대하기 어려울 것"이라고 봤기 때문이다.[6] 중국의 영향력 있는 싱크탱크에서 이러한 보고서를 낸 것은 그만큼 중국이 한미 동맹의 변화에 촉각을 곤두세우고 있다는 것을 말해준다.

주한미군과 제주 해군기지

한편 2021년 4월 미국의 후버연구소Hoover Institution는 대만 사태 시나리오에 관한 토론회를 개최했다.[7] 전현직 고위 관료와 전문가들이 참여한 이 토론회에서는 두 가지 점에 대체적인 공감대가 형성됐다. 하나는 중국-대만의 평화통일 가능성이 거의 사라졌다는 것이고, 또 하나는 그럼에도 불구하고 중국이 무력 통일을 시도할 가능성은 상대적으로 낮다는 것이었다. 그런데 앞서 언급한 것처럼 이 두 가지는 갈수록 양립하기 어려워지고 있다. 중국이 비평화적 수단을 동원하는 시나리오로 〈반분열국가법〉에 "평화통일의 가능성을 완전히 상실할 경우"를 명시했기에 더욱 그러하다. 그런 점 때문에 후버연구소 토론회에서도 무력충돌 시나리오에 대비해야 한다는 주문이 쏟아졌다.

이 토론회에선 세 가지 시나리오가 거론되었다. 첫째는 중국인민해방군이 대만에 대한 위협은 높여가면서도 전면전은 피하기 위해 대만의 섬들을 공격하는 것이다. 둘째는 중국이 대만을 해상봉쇄하는 것이다. 셋째는 중국이 대만을 침공하는 것이다. 이들 가운데 첫 번째와 세 번째 시나리오는 가능성이 낮은 반면 두 번째 시나리오가 상대적으로 가능성이 높다는 진단이 나왔고, 따라서 미국의 대응도 여기에 맞춰져야 한다는 주장이 제기됐다. 미국이 동맹국들과 함께 대만에 무기와 지원 물자를 제공하고 대만 방어 의지를 과시함으로써 양안 충돌이 미국과 그 동맹국들도 참여하는 전쟁으로 확대될 수 있다는 부담을 중국에 인식시켜야 한다는 주장이다.

앞서 언급한 '글로브마스터(C-17)'의 활동을 다시 떠올려 보자. 2021년 6월 이 수송기는 3명의 미국 상원의원과 백신을 신고 오산 공군기지에서 이륙해 대만에 착륙했다. 그런데 이 군용기는 전투 병력은 물론이고 M1 에이브럼스 전차, 스트라이커 경전차, 아파치 헬기 등 대형 전투 장비를 실어 나를 수 있는 미군의 전략 수송기이다. 그런 점을 고려하면 미국이 상원의원 및 백신 수송기로 C-17을 동원한 것은 중국의 대만 봉쇄와 같은 유사시에 대비한 일종의 '예행연습'이라는 해석을 가능케 한다.

만약 대만 유사시 미국이 오산 공군기지 등 주한미군 기지를 대만 군수지원을 위한 발진기지로 삼는다면, 한국이 미중 충돌에 연루될 위험도 그만큼 커진다. 이러한 시나리오는 노무현 정부 당시에도 청와대가 촉각을 곤두세운 문제였다. 노회찬 당시 민주노동당 의원이 공개한 청와대 문서 〈주한미군 지역적 역할 관련 논란 점검〉에는 "대만 사태 등에 주한미군의 투입 가능성과 군산에서 출격한 미군 군용기의 대중국 초계 활동 등에 대한 철저한 검토와 대응책 마련 필요"라고 적혀 있었다.[8]

하지만 그후에도 이렇다 할 대응책은 마련되지 않았고 오히려 우리가 연루될 수 있는 위험들은 차곡차곡 쌓이는 상황이다. 노무현 정부 때 시작되어 이명박-박근혜 정부 때 완료된 평택 미군기지 확장과 제주 해군기지 사업, 그리고 박근혜 정부 때 졸속으로 결정되고 문재인 정부 시기에 임시배치에 들어갔으며 윤석열 정부 들어 정식 배치 수순을 밟고 있는 경북 성주 사드 기지가 바로 그것들이다. 이 세 가지 조치는 하나같이 미중 충돌 시 미국이 활용할 가능성이 있는 것들이다. 러캐머라가 "주한미군은 인도태평양 사령관에게 역외 우발사태나 지역적 위협에 대응하는 데 여러 선택지를 제공할 수 있는 독특한 위치를 차지하고 있다"고 밝힌 것도 이러한 맥락들에서 나온 것으로 볼 수 있다.

주한미군의 캠프 험프리와 오산 공군기지가 있는 평택은 중국의 심장부에서 가장 가까운 미군기지이다. 2000년대 초중반부터 미국이 평택 미군기지 확장을 추진한 데에는 전략적 유연성을 확보해 주한미군을 신속기동군으로 재편하겠다는 전략이 깔려 있었다. 이는 곧 미국이 중국과의 무력충돌 시 주한미군의 투입도 고려할 수 있다는 것을 의미한다. 더구나 주한미군의 육군 전력이 집중되어 있는 캠프 험프리, 오산 공군기지, 평택항 사이의 거리는 각각 20킬로미터에 불과하고 철도·도로도 잘 갖춰져 있다.

이러한 주한미군 기지의 특징은 유사시 미국에게 다양한 선택지를 제공해줄 수 있다. 우선 캠프 험프리에 있는 병력과 무기·장비를 오산 공군기지로 이동시켜 C-17을 비롯한 다양한 군수송기로 대만에 전개할 수 있다. 또 오산 공군기지 및 군산 공군기지에 있는 군용기를 투입할 수도 있다. 중국에 대한 압박 수위를 높이기 위해 필요시 역외에 있는 F-15, F-22, F-35 등 최신예 전투기들과 전략폭격기, 그리고 병력을 주한미군 기지에 전개할 수도 있다.

제주 해군기지는 한국의 해군기지이지만 미국이 원하면 '겸용'할 수 있다는 특징을 갖고 있다. 한미주둔군지위협정 Status of Forces Agreement(SOFA) 제10조 1항에는 "(미국의) 선박과 항공기는 대한민국의 어떠한 항구 또는 비행장에도 입항료 또는 착륙료를 부담하지 아니하고 출입할 수 있다", 10조 2항에는 "대한민국의 항구 또는 비행장 간을 이동할 수 있다"고 명시되어 있다. SOFA 합의의사록에는 "적절한 통고의 면제가 미합중국 군대의 안전을 위하거나 또는 이에 유사한 이유 때문에 요구되는 비정상적인 경우에만 적용된다"고 나와 있다. 이는 미국이 적절한 통고를 하거나, 필요에 따라서는 이조차도 없이 대한민국의 비행장이나 항구를 이용할 수 있다는 것을 의미한다.

설상가상으로 아시아태평양 지역에 군사력을 집중하고 있는 미국은 "아시아에서 기항지를 늘리겠다"는 입장이다. 제주 해군기지도 여기에 포함될 수 있다. 이와 관련해 리사 프란체티Lisa Franchetti 주한 미 해군 사령관은 2015년 8월 이임식에서 "제주 해군기지를 이용하고 싶다"는 의사를 피력했다. 이를 확인하듯 2017년 제주 해군기지 완공 이후 미 해군의 이지스함, 핵 추진 잠수함, 핵 추진 항공모함 등이 여러 차례 제주 해군기지에 입항했다.

제주 해군기지가 연루될 위험이 있다는 점은 미 7함대 작전참모를 지낸 데이비드 서치타David J. Suchyta의 논문에서도 유추할 수 있다. 그는 "제주 해군기지는 미국에 커다란 유용성을 제공할 것"이라며, "제주기지 건설로 가장 위협받을 나라는 중국"이라고 분석했다. 그러면서 "중국은 미국 항모 전단으로부터 봉쇄, 고립, 공격당할 수 있다는 전략적 두려움으로 인해 제주 해군기지를 위협으로 간주할 것"이라고 진단했다.[9]

서치타는 대만해협 유사시와 제주 해군기지의 관계도 분석했다. "대만해협에서 무력충돌이 발생하면, 제주 해군기지를 이용하는 미국 함정과 잠수함, 그리고 항공모함은 남쪽으로 향하는 중국의 북해함대를 막을 수 있다. 또 중국의 동해함대의 측면을 공격하는 데도 효과적"이라고 밝혔다. 구체적인 시나리오도 언급했다. "대만해협 위기 발생 시, 중국의 북해함대가 이곳의 전투에 참여하기 위해서는 제주 해군기지 바로 옆을 지나야 한다"며, "제주 해군기지의 잠수함은 마치 단두대의 칼guillotine blade처럼" 중국의 해양 수송로와 함대를 괴롭힐 수 있다고 주장했다. "게다가 제주 해군기지의 전력은 상하이와 딩하이定海 항구에 주둔한 중국 해군함정의 작전 수행에 상당한 방해가 될 수 있다"고도 했다. 특히 "미국 항모 전단의 전투 반경이 500해리에 달한다는 점을 고려할 때, 제주에 정박한 미국 항모는 5시간 이내에 베이징을 공격할 수 있는 위치에 있다"고 덧붙였다.

군사적인 측면에서 볼 때, 이러한 주한미군과 제주 해군기지의 특징은 미중 무력충돌 문제와 관련해 중대한 함의를 담고 있다. 미국 내에선 대만해협에서 미중 간의 무력충돌이 발생하면 중국이 이길 것이라는 분석이 우세하다. 핵심적인 이유는 미국의 군사력은 세계 도처에 산재되어 있어 대만 인근으로 결집하려면 시간이 걸리는 반면, 중국은 단시간에 대만 인근으로 집결할 수 있다는 데 있다. 그런데 중국 군사력, 특히 해군 전력의 상당 부분은 동부 해안에 있다. 따라서 미국이 중국 동부와 가장 가까운 주한미군 기지나 제주 해군기지를 활용하면 중국을 효과적으로 견제할 수 있다. 서치타의 논문은 바로 이 점을 강조하고 있는 것이다.

사드와 중거리미사일의 경우

미국은 유사시 주한미군과 제주 해군기지를 중국 방어용으로 사용할 경우 중국이 미사일을 동원해 보복 공격에 나설 가능성에 대비하려고 할 것이다. 실제로 미국은 2000년대 초반부터 이러한 가능성에 대비해 미사일방어체제(MD)의 중요성을 강조해왔다. 2021년 12월 8일 존 커비John Kirby 미국 국방부 대변인의 발언도 이러한 맥락에서 이해할 수 있다. 그는 "한미 방어체계가 북한, 중국(질문자는 중국을 특히 강조했다), 러시아의 미사일 위협에 효과적으로 대응할 수 있느냐"는 질문에 "MD가 진화하는 위협에 대응하기 위해 지속해서 재검토되고 업그레이드되고 있다"며, 이는 펜타곤의 "통합 억제 비전vision of integrated deterrence에 매우 중요하다"고 밝혔다. 그는 특히 로이드 오스틴 국방장관의 방한 때 서욱 국방장관 및 문재인 대통령과도 이와 관련된 "여러 가지 좋은 논의를 했다"고 덧붙였다.[10]

미국 정부는 이전에는 한미 MD가 오로지 북한에 대응하는 것이라며 중국과 러시아와는 무관하다는 점을 강조해왔다. 그러나 최근에는 MD가 중국과 러시아에 대응하기 위한 것이라는 점을 애써 감추지 않는 상황에서 커비의 발언은 한미 MD도 이러한 방향으로 나아가고 있다는 점을 강력히 시사한다. 그런 점에서 경북 성주에 있는 사드를 비롯한 한미 MD 자산을 중국 대응용으로 운용하는 방안이 미국의 군사전략에 포함될 가능성이 매우 높다. MD의 일환이자 성주에 배치된 사드를 주목해야 하는 까닭이다.

일단 한국 서쪽에 있는 주한미군 기지로 향하는 중국 미사일을 한국 동쪽에 있는 '현존' 사드 미사일로 요격하는 것은 거의 불가능하다. 사드 미사일의 최대사거리는 200킬로미터이고 요격 고도는 40~150킬로미터이다. 이에 반해 시드 기지로부터 평택과 군산의 미군기지까지의 거리는 약 140킬로미터이다. 이 기지들로 향하는 중국의 미사일이 목표물에 근접하면 사드의 요격 고도 아래로 비행할 것이라는 뜻이다.

하지만 2018년부터 미국이 '주한미군 합동긴급작전요구 United States Forces Korea Joint Emergent Operational Need'라는 이름하에 성주 사드 기지의 업그레이드에 나서면서 앞으로의 상황은 달라질 수 있다. 우선 미국은 사드 포대와 패트리엇 포대의 연동성을 강화하고 있다. 성주에 배치된 AN/TPY-2 레이더에서 수집한 정보를 패트리엇 포대로 전달해 요격 정보로 활용하겠다는 것이다. 미 국방부는 2021년에 이러한 업그레이드를 완료했다. 또 "사드 발사대를 확대하거나 원격조정하는 방안"도 제시했는데, 이는 성주 사드 포대에서 요격미사일 발사대를 분리해 다른 곳으로 이동하거나 발사대를 추가로 배치할 수도 있다는 것을 의미한다.[11]

이러한 업그레이드가 완료되면 적어도 기술적으로는 사드 기지가 대對중국용으로 이용될 가능성이 높아진다. AN/TPY-2 레이더를 이용해 중국의 미사일을 탐지·추적하고 이 정보를 주한미군 기지에 있는 패트리엇으로 전송하는 방법도 있고, 평택이나 군산 등 미군기지에 사드 발사대를 이동 배치하거나 추가로 배치할 수도 있기 때문이다. 또 미국이 2020년대 중반 개발을 목표로 한 '확장형 사드THAAD-ER'가 성주 사드 기지로 반입될 경우에도 상황은 달라질 수 있다. 이 요격미사일의 사거리는 기존 사드 요격미사일보다 3배가량 길고 속도도 훨씬 빨라 한국 서부에 있는 주한미군 기지도 방어권에 포함시킬 수 있기 때문이다.

미국이 성주 사드 레이더를 글로벌 MD의 일환으로 사용할 가능성도 배제할 수 없다. 즉 이 레이더를 미국 본토의 전략사령부와 하와이에 있는 인도태평양사령부의 지휘통제전투관리통신Command Control Battle Management and Communications(C2BMC)과 연동시키는 것이다. C2BMC는 글로벌 MD의 '두뇌'다.

따라서 성주 레이더가 이와 연동되면 한국은 미국 글로벌 MD의 최전방 기지가 되고 만다.[*] 지정학적으로 미국이 MD 전략의 명시적인 대상으로 삼아온 북한은 물론이고, 잠재적인 대상국들이라고 할 수 있는 중국 및 러시아와 가장 가까운 곳에 최첨단 레이더를 운용할 수 있기 때문이다. 더구나 기술적으로도 성주 레이더는 일본, 괌, 하와이, 미국 본토의 MD 자산과 연동시킬 수 있다.

실제로 미국은 이러한 방향으로 MD를 업그레이드하고 있다. 사드를 비롯한 MD시스템의 업그레이드와 통합 운용을 가속화하고 있는 것이다. 이러한 계획의 핵심 장비가 C2BMC이다. 이 시설은 당초 "전략적 수준"에 해당하는 미국 본토 방어용 지상미사일방어체제Ground-Based Midcourse Defense(GMD)에 초점이 맞춰져 있었다. 그러나 펜타곤은

• 이와 관련해 미국 국방부의 2017년 예산서에는 "특수화된 통신 및 레이더 소프트웨어의 제공에 힘입어 사드 포대는 MD 체제의 C2BMC 시스템과 직접 통신이 가능해질 것이다. 이로 인해 사드 포대는 통상적인 적극 방어용 교전 임무뿐만 아니라 (탄도미사일의) 탐지 및 추적 기능도 수행할 수 있다"고 나와 있다. 여기서 "통상적인 적극 방어용 교전 임무"란 사드 포대의 기능을 의미하고, "C2BMC와의 직접 통신"은 다른 MD 자산과의 연동을 의미한다.

C2BMC를 미 육군의 통합전투통제시스템Army's Integrated Battle Command System과 연동해 "전술적 수준"에서도 사용할 계획이다.• 이렇게 하면 미사일 요격 작전에 필요한 정보를 MD 시스템 간에 주고받을 수 있다. 이와 관련해 존 힐Jon Hill 미사일방어국(MDA) 국장은 MD 업그레이드가 세계 곳곳에 배치된 패트리엇, 사드, 이지스함, 레이더 등 센서, 지휘통제 시스템 등을 "모두 연결하는 것"이라며, 이를 통해 "글로벌 차원의 MD"를 구축할 수 있다고 강조했다.[12] 그는 2022년 3월 28일 기자회견에서도 사드를 비롯해 전 세계에 배치된 MD 자산이 "C2BMC에 모두 연동되어 있다"고 밝혔다.

주목할 점은 이러한 업그레이드 계획이 "중국과 러시아와 같은 고도의 전투 능력 보유국에 대응하기 위한 펜타곤의 핵심 교전 전략인 합동전면지휘통제Joint-all domain command-and-control(JADC2) 네트워크와 고도로 연결되어 있다"는 사실이다. 이를 두고 존 힐은 "C2BMC와 JADC2를 통합하는 것이 우리의 계획"이라며, 이렇게 되면 "C2BMC는 미사일방어

• 여기서 '전략적 수준'은 대체로 ICBM 대응을 의미하고, '전술적 수준'은 단거리·중거리 미사일 대응을 의미한다.

국의 JADC2가 되는 것"이라고 강조했다. 이전까지는 MD가 중국 및 러시아와는 무관하다고 했던 미국이 이제는 MD가 이들 나라와의 전쟁 시 핵심 분야가 될 것임을 굳이 감추지 않는 것이다.

이러한 글로벌 MD를 대만 유사시와 연관 지어 살펴보자. 미국은 대만 사태 발생 시 대만해협이나 그 인근에 항공모함 전단을 보내려고 할 것이다. 앞서 언급한 것처럼 이때 세주 해군기지도 유력한 후보지 가운데 한 곳이다. 동아시아 최대 미군기지이자 대만해협과 인접한 오키나와에는 항모 전단이 입항할 수 있는 해군기지가 없기에 더욱 그러하다. 이 작전에 가장 큰 걸림돌이 바로 '항공모함 킬러'로 불리는 중국의 둥펑-21 계열의 지대함 탄도미사일이다. 이와 관련해 중국이 '항공모함 킬러'를 개발·배치한 배경을 짚어볼 필요가 있다. 1996년 대만에서 독립 열기가 높아지자, 중국은 탄도미사일을 동원해 무력시위를 벌인 바 있다. 그러자 미국은 항공모함 전단을 대만해협에 파견해 대만 방어 의지를 과시했다. 이후 중국이 공들여 만들어온 것이 바로 둥펑-21 탄도미사일이다. 대만해협 등 동아시아 지역에서 분쟁 발생 시 미국 항모 전단의 접근을 억제하겠다는 의도에서 개발·배치된 것이다. 중국이 '반접근 및 지역 거부 전략(A2/AD)'의 핵심으로 삼고 있는 것이 바로 '항모 킬러'라는 것을 알 수 있다.

그런데 미국이 성주에 배치한 레이더와 항공모함을 호위하는 이지스함 탄도미사일방어체제(ABMD)를 연동하면, 둥평-21에 대한 대응력을 높일 수 있다. 둥평-21은 주로 백두산 뒤쪽에 배치되어 있고, 성주 레이더는 이지스함에 탑재된 레이더나 일본에 배치된 AN/TPY-2 레이더보다 훨씬 빠르고 정확하게 중국의 둥평-21을 탐지·추적할 수 있다. 따라서 미국은 이지스 탄도미사일방어체제와 성주 사드를 연계하면 요격 성공률을 높일 수 있다고 여길 것이다. 이지스함은 성주 레이더에서 전달받은 정보를 자체적으로 탑재한 SPY-1D 레이더로 추가 추적해 요격미사일인 SM-3을 발사할 수 있는 능력을 보유하고 있기 때문이다.

이뿐만이 아니다. 앞서 언급한 것처럼 성주에 있는 레이더가 C2BMC와 연동되면 방어권은 훨씬 커진다. 아시아 최대 규모의 가데나 미군 공군기지가 있는 오키나와 등 주일미군을 비롯해, 미국이 아시아 군사전략의 허브로 삼고 있는 괌, 인도태평양사령부가 있는 하와이, 그리고 미국 본토 방어에도 활용될 수 있기 때문이다.

미국이 성주 사드를 C2BMC와 이미 연동했는지, 혹은 앞으로 그럴 계획을 갖고 있는지는 2022년 4월 현재까지 확인되지 않고 있다. 만약 미국이 성주 사드를 C2BMC를 매개로 한 글로벌 MD의 일환으로 이미 연동했거나 앞으로 그렇게 할 경우, 한국의 안보 주권은 심각하게 침해받을 수밖에 없다. 그것은 미국 국방부가 밝힌 것처럼 MD 업그레이드 계획이 "중국과 러시아와 같은 고도의 전투 능력 보유국에 대응하기 위한 펜타곤의 핵심 교전 전략인 합동전면지휘통제 네트워크와 고도로 연결되어 있"기 때문이다.

미국의 중거리 지대지미사일 배치 문제도 짚어볼 필요가 있다. 미국이 중거리핵전력조약(INF)에서 탈퇴해 중거리미사일 재개발에 착수한 것은 중국을 염두에 둔 성격이 짙기 때문이다. 이와 관련해 필립 데이비슨 인도태평양 사령관은 2021년 3월 의회 청문회에서 중국의 위협에 대처하기 위해 해공군의 전력 투사뿐만 아니라 "지상군의 장거리 정밀타격도 매우 중요하다"고 밝혔다. 또 이러한 능력이 분산 배치되어야 한다는 점도 강조했다. 그래야만 중국의 대응을 복잡하고 어렵게 만들 수 있기 때문이다.[13]

일단 한국과 관련해 주목할 미사일은 차세대 정밀타격미사일Precision Strike Missile(일명 프리즘PrSM)이다. 미국은 이 미사일을 순차적으로 1,000기를 생산하여, 2023년부터 실전 배치한다는 방침이다.[14] 그런데 이 미사일이 생산되면 한국에 배치될 가능성이 있다. 이 미사일의 사거리는 499킬로미터 이상인데,* 아시아 배치 시 한국에 배치해야만 북한 전역 및 중국 일부에 다다를 수 있기 때문이다. 이와 관련해 현재 주한미군이 보유하고 있는 사거리 300킬로미터의 육군 전술미사일Army Tactical Missile System(ATACMS)을 대체하는 방식으로 프리즘이 배치될 가능성이 거론되고 있다.[15] 에이태킴스(ATACMS)는 평택의 캠프 험프리에 배치되어 있는데, 이것이 프리즘으로 대체되면 중국이 예민하게 반응할 수 있다. 캠프 험프리는 중국의 심장부와 가장 가까운 세계 최대 규모의 해외 주둔 미군기지로 프리즘은 중국의 주요 군사기지가 있는 산둥반도를 사정거리 안에 둘 수 있기 때문이다. 더구나 미 육군은 지대지미사일인 프리즘을 지대함미사일로

* 미군과 록히드마틴은 이 미사일의 사거리를 정확히 밝히고 있지 않지만, 미 육군 안팎에선 550킬로미터에 달한다는 말이 나오고 있다.

도 활용한다는 계획을 밝히고 있다.[16]

새로운 작전계획?

미중 간의 전략 경쟁과 대만 문제를 둘러싼 갈등, 그리고 한국의 연루 위험이 커지고 있는 와중에 콜린 칼Colin Kahl 미국 국방부 정책담당 차관이 의미심장한 말을 던졌다. 2021년 12월 8일 그는 미국의 온라인 뉴스 매체인 〈디펜스원Defense One〉이 주최한 화상 대담에서 "이 계획은 북한뿐만 아니라 솔직히 역내의 다른 도전들로 제기된 위협이 얼마나 진화했는지 감안할 때 계속 발전되고 있다"고 말했다.[17] 그가 말한 "이 계획"이란 12월 초 한미안보협의회(SCM)에서 양국 국방장관이 승인한 새로운 전략기획지침(SPG)을 의미한다. 이와 관련해 SCM에는 새로운 전략기획지침이 "한미 동맹에 대한 북한의 위협을 보다 효과적으로 억제하고, 필요시 대응을 위한 군사작전계획에 지침을 제공할 것"이라는 내용이 담겼다. 그런데 칼 차관은 "솔직히 역내의 다른 도전들"을 언급했다. 미중 관계의 동향을 고려할 때, 이는 중국을 의식한 발언이라고 할 수 있다.

그는 또 "새로운 전략기획지침은 동맹국인 한국과 공유하는 지속적 계획과 발전이라는 측면에서 움직이는 크랭크의 다음번 회전에 해당한다"고 강조했다. 기존의 한미 동맹이 주로 북한을 상대하는 것이었고 앞으로도 그러하겠지만, "다음번 회전"에는 중국에 대처하는 방향이 강화되어야 한다는 해석을 가능케 하는 대목이다. 미중 갈등의 핵심 지역으로 부상하고 있는 대만 문제와 관련해 SCM 최초로 "대만해협에서의 평화와 안정 유지의 중요성을 강조하였다"는 내용이 포함된 것도 이러한 분석을 뒷받침해준다.

12월 하순에는 2018~2021년 주한미군 사령관을 지낸 로버트 에이브럼스Robert Abrams 역시 한미 작전계획에 중국의 위협에 대처하기 위한 내용이 포함되어야 한다고 주장했다. 콜린 칼이 중국을 특정하지 않은 반면, 에이브럼스는 2000년 이후 아시아 지역에서 중국의 위협이 "매우 증대되었다"며 중국을 거명했다. 파문이 커지자 한국 국방부는 진화에 나섰다. 에이브럼스의 발언은 "개인 의견"일 뿐이라고 일축하면서 한미의 새로운 작전계획은 "북한의 위협에 대비한 계획을 갱신하기 위한 것"이라고 강조했다.[18]

이처럼 한미 양국의 입장이 엇갈리면서 정확한 실상은 오리무중이다. 미국이 희망사항을 언급한 것인지, 아니면 실제로 양국 간에 중국까지 염두에 둔 새로운 전략기획지침과 이를 뒷받침하는 새로운 작전계획이 논의되고 있는지 불분명하다. 그런 가운데 몇 가지 짚어볼 문제가 있다.

먼저 주한미군의 성격이다. 주한미군을 지휘하고 있는 사령관은 세 개의 모자를 쓴다. 주한미군 사령관, 유엔사 사령관, 그리고 한미연합사 사령관으로서의 역할이다. 그런데 주한미군은 인도태평양사령부의 보조 부대이다. 폴 러캐머라 주한미군 사령관이 "인도태평양사령부의 우발 계획과 작전계획에 주한미군의 능력을 포함시키는 것을 옹호할 것"이라고 말한 것도 이러한 맥락에서 나온 것이다. 이는 한미연합사 차원의 작전계획이 아니더라도 인도태평양사령부가 중국에 대응하기 위한 작전계획을 수립하고 주한미군을 보조 부대로 활용할 수 있다는 것을 의미한다.

이뿐만이 아니다. 주한미군 사령관은 유엔사 사령관도 겸직하고 있고 전시작전권이 한국에 이양되어도 그 지위를 계속 유지한다. 그런데 앞서 언급한 것처럼, 미국은 대만 유사시 주한미군을 투입하고 그 공백을 유엔사가 메우는 방안을 강구하고 있다. 이는 한미연합방위체계 및 한미연합사와 유엔사와의 관계에 혼선을 빚을 수 있다. 기존 한미연합사의 작계는 한국군-주한미군-미국의 증원 전력-유엔사의 결집을 전제로 한 것이다. 따라서 대만 유사시 주한미군이 차출되면 기존 작계에는 엄청난 혼선이 불가피해진다. 아마도 미국은 이 점을 강조하면서 새로운 전략기획지침과 작계의 업그레이드 필요성을 제기한 것으로 보인다.

정리하면, 미국은 한국이 중국을 염두에 둔 새로운 작계 수립에 동의하지 않으면 독자적으로 움직일 가능성이 매우 크다. 미국이 이전부터 '한반도 유사시'로 국한된 한미연합 위기관리 범위에 '미국 유사시'도 포함되어야 한다고 요구해 온 것도 이러한 전망을 뒷받침해준다.

04

동맹의 체인:
한미 동맹과 북중 동맹

떠올리고 싶지 않지만, 이제 우리는 이런 질문들을 생각해봐야 한다. 대만이 독립을 선언하거나 이에 준하는 상황이 발생해 중국이 대만을 공격하면 우리는 어떤 입장을 취해야 할까? 대만해협에서 미중 간에 군사 위기가 고조되거나 실제 충돌이 발생해 미국이 한국에 도움을 요청해오면 어떻게 해야 할까? 한국군의 투입은 차치하더라도 주한미군이 출동하면 어떻게 될까? 미국이 경북 성주에 있는 사드 레이더로 중국의 탄도미사일을 탐지·추적해 미국의 다른 미사일방어 체제(MD)에 그 정보를 전송하겠다면? 미 해군이 제주 해군기지를 기항지로 사용하려고 한다면? 만약 중국이 이에 대응해 무력 보복을 가해오면? 양안 충돌이 미중, 중일, 더 나아가 한중 충돌로 번지면 중국과 '혈맹'이라는 북한은 어떻게 나올까?

모두 가정형 질문들이다. 그러나 우리는 '안보는 만일의 사태에 대비해야 한다'는 말을 숱하게 들어왔다. 또한 이러한 안보 제일주의가 민주주의와 평화, 그리고 인권과 자원의 합리적 배분과 같은 다른 가치를 압도하는 경우도 종종 봐 왔다. 하지만 정작 우리가 결코 간과해서는 안 되는 안보 문제에 대해서는 지나치게 둔감한 모습을 보이고 있다. 대만 등에서 미중 충돌 발생 시 한국, 더 나아가 한반도가 휘말릴 우려가 바로 그것이다.

물론 앞의 질문들이 현실화될 가능성이 상대적으로 낮긴 하지만, 동시에 이런 질문도 던져보아야 한다. '향후 10년 내에 대만 사태가 발생할 가능성이 10퍼센트 정도 된다면?' 미국과 중국 등 핵심 행위자들은 이러한 가능성이 존재한다는 전제하에 움직이고 있다. 따라서 실제 상황이 발생하지 않더라도 관련국들의 대비 태세 강화만으로도 우리의 국익과 안전은 위태로워질 수 있다. 사드 배치 사례에서도 이를 확인할 수 있었다. 따라서 성주 사드가 미국의 글로벌 MD에 통합되는 경우, 주한미군의 전략적 유연성이 가시화되는 경우, 미 함정의 제주 해군기지 입항이 잦아지는 경우, 혹은 미국이 한국에 중거리미사일을 타진하거나 실제 배치하는 경우 등의 상황이 발생하면 우리도 상당한 스트레스를 받을 것이다. 그러므로 우리 역시 대비책을 세워둬야 한다.

한미 동맹과 미국 유사시

가장 먼저 따져봐야 할 문제는 한미상호방위조약에 따라 우리도 '미국 유사시' 지원에 나서야 할 의무를 갖느냐는 것이다. 이와 관련해 기존의 한미연합위기관리 범위는 '한반도 유사시'로 국한되어 있는데 '미국 유사시'까지 동맹의 범위를 확대하자는 주장이 미국에서 제기되어왔다. 대외비에 속하는 '한미동맹위기관리 각서'에 이 내용이 어떻게 규정되어 있고, 또 한미 간에 어떤 논의가 진행되고 있는지는 확인되지 않는다.

다만 국내외 일각에서 우려할 만한 주장이 제기되고 있다. 한미'상호'방위조약인 만큼 미국의 요구를 거부할 명분이 없다는 것이다. 이러한 주장은 조약 3조에 "각 당사국은 타 당사국의 행정관리하에 있는 영토, 또는 금후 각 당사국이 타 당사국의 행정관리하에 합법적으로 들어갔다고 인정하는 영토에 있어서, 타 당사국에 대한 태평양 지역에 있어서의 무력공격을 자국의 평화와 안전을 위태롭게 하는 것이라고 인정하고 공통한 위험에 대처하기 위하여 각자의 헌법상의 수속에 따라 행동할 것을 선언한다"고 명시되어 있는 내용에 근거한 것이다. 이에 따라 '미국 유사시'에 한국이 군사적으로 지원하는 것은 한미상호방위조약을 보더라도 불가피하다는 것이다. 이와 관련해 3월 11일 윤석열 대통령 당선자는 크리스토퍼 델 코소Christopher Del Corso 주한 미국 대사대리를 만난 자리에서 "한국의 유일한 동맹국가는 미국이다. 서로의 안보를 피로써 지키기로 약속한 국가이기 때문에 거기에 걸맞은 그런 관계가 다시 자리를 잡아야 될 것"이라고 말했다.

대만해협은 태평양에 속해 있다. 따라서 대만해협 위기 발생 시 한국과 미국이 "공통의 위험"에 처할 수 있다고 판단할 수도 있다. 그렇다면 이를 근거로 대만해협에서 미중 간에 무력충돌이 발생하면 한국은 어떠한 형태로든 지원해야 할 의무를 갖는 것일까? 반드시 그런 것은 아니다. 우선 한미상호방위조약 3조에서는 "각자의 헌법상의 수속에 따라 행동할 것을 선언한다"고 되어 있다. 즉 한국의 지원 여부는 자동적으로 정해지는 것이 아니라는 뜻이다. 또 3조에 관한 '양해사항'에는 "타 당사국에 대한 외부로부터의 무력공격을 제외하고는 그를 원조할 의무를 지는 것이 아니다"라고 되어 있다.

이러한 한미상호방위조약에 따르면, '미국 유사시' 한국의 원조는 두 가지 조건이 충족되어야 가능하다. 하나는 "외부로부터의 무력공격", 즉 중국이 미국에 무력공격을 가하는 상황이다. 그런데 대만해협 유사시 미국의 군사적 지원이나 개입에 따른 미중 무력충돌을 "타 당사국에 대한 외부로부터의 무력 공격"으로 단정할 수 있는지의 문제가 발생한다. 중국의 무력 사용은 미국의 대만 문제에 대한 군사적 개입에 대한 대응책으로 나올 공산이 크기 때문이다. 즉 중국이 미국을 선제적으로 공격하지 않는 한, 한미상호방위조약에 따른 한국의 군사적 원조 의무는 성립한다고 보기 어렵다. 또 미중이 대만해협이나 그 주변에서 무력으로 대치하지만 실제 교전은 벌어지지 않는 상황 역시 "외부로부터의 무력공격"에 해당한다고 보기 어렵다.

또 하나는 한국이 미국을 원조하려면 "헌법상의 수속"도 필요하다는 점이다. 여기서 중요한 문제는 "헌법상의 수속"

을 어떻게 규정하느냐에 있다. 일단 헌법 제60조 제1항에는 "국회는 상호원조 또는 안전보장에 관한 조약, 중요한 국제 조직에 관한 조약, 우호 통상항해조약, 주권의 제약에 관한 조약, 강화조약, 국가나 국민에게 중대한 재정적 부담을 지우는 조약 또는 입법사항에 관한 조약의 체결·비준에 대한 동의권을 가진다"고 규정되어 있다. 그리고 미중 충돌 시 한국의 대미 원조는 국가안보와 주권의 제약에 직접적으로 해당된다는 점에서 "헌법상의 수속"은 국회의 동의를 의미한다고 할 수 있다.

하지만 현실은 녹록지 않다. 일단 미중 충돌 시 한국 정부가 국회의 동의 없이 파병한다는 것은 상상하기 어렵다. 그러나 앞서 언급한 주한미군의 출동, 사드 레이더 활용, 제주 해군기지 기항 등의 문제는 다를 수 있다. 이러한 범주의 군사활동은 미국이 자국의 군사력을 이용하는 것이지만, 한국이 기지를 제공하는 것이어서 원조에 해당된다. 하지만 이들 분야에서 한미 양국 간에는 사전동의는 물론이고 사전협의조차도 제대로 제도화되어 있지 않다. 따라서 국가안보와 주권의 제약에 중대한 영향을 미치는 사안에 대해 한미상호방위조약에 명시된 "헌법상의 수속"이 제대로 구현될 수 있을

지는 극히 불확실하다.

이러한 불편한 현실은 한미 동맹의 역사성에 기인한 바가 크다. 한미상호방위조약 체결 당시 미국의 목표는 크게 두 가지였다. 하나는 북한 등 공산권의 남침을 억제하겠다는 것이었다. 또 하나는 남한의 북진 통일도 억제하겠다는 것이었다. 후자와 관련해 미국이 "헌법상의 수속"을 3조에 포함시키고 '양해사항'을 통해 "외부로부터의 무력공격을 제외하고는 그를 원조할 의무를 지는 것이 아니다"라고 강조한 것도 이러한 맥락에서 나온 것이다. 즉 한미 동맹의 본래 취지는 '한국 방어'에 있었던 것이다.

그러나 미국은 미소 탈냉전 이후 한국 방위 동맹을 지역 동맹, 더 나아가 글로벌 동맹으로 재편하는 방안을 추진해왔다. 이러한 배경에는 중국의 부상에 대한 미국의 견제 심리가 결정적으로 작용했다. 그럼에도 불구하고 한미 동맹 재편과 관련해 국내에서의 공론화는 제대로 이뤄지지 않고 있다. 한국 영토를 이용할 수 있는 미국 군사력에 대한 주권적 통제도 극히 미미한 수준이다. 윤석열 정부는 한미 동맹을 "글로벌 포괄적 전략 동맹으로 격상하겠다"는 입장을 밝히고 있다. 미중 충돌 시 한국이 몽유병자처럼 동맹의 시술에 엮여 전쟁에 휘말릴 위험이 있다는 우려는 이러한 현실에 기인한다.

북중 동맹의 경우

한국은 미국의 동맹국이고 북한은 중국의 동맹국이다. 그리고 미중 충돌 시 한국이 연루될 위험은 앞서 언급한 바 있다. 그렇다면 북한은 어떨까? 미중 유사시 북한의 역할과 관련해 북중 간에 어떤 논의가 이뤄지고 있는지는 알려진 것이 없다. 그러나 '조중 우호협력 및 상호원조조약'에는 '자동개입'에 준하는 조항이 있고, 2018년 이래 북중은 '혈맹관계'를 복원·강화하고 있다. '동맹의 사슬'이 얽혀 있는 상황에서 미중 충돌이 중일, 한중 충돌로 번질 경우 북한의 선택도 주목해야 하는 이유이다.

1961년 7월에 체결된 북중 조약은 양국이 2022년 현재까지 유지하고 있는 유일한 상호방위조약이다. 그리고 이 조약 2조에는 "체약 쌍방은 체약 쌍방 중 어느 일방에 대한 어떠한 국가로부터의 침략이라도 이를 방지하기 위하여 모든 조치를 공동으로 취할 의무를 지닌다. 체약 일방이 어떠한 한 개의 국가 또는 몇 개 국가들의 연합으로부터 무력침공을 당함으로써 전쟁상태에 처하게 되는 경우에 체약 상대방은 모든 힘을 다하여 지체 없이 군사적 및 기타 원조를 제공한다"고 명시되어 있다. "헌법적 수속"을 명시한 한미상호방위조약과는 달리 북중 조약에는 사실상의 '자동개입' 조항이 있는 셈이다.

미중 전략 경쟁 및 대만 문제와 관련해 2021년 이후 북중 동맹의 흐름도 주목할 필요가 있다. 우선 한미 정상회담이 개최된 지 6일 후인 5월 21일 리용남 중국 주재 북한 대사와 왕이王毅 국무위원 겸 외교부장이 베이징에서 회동했다. 이 자리에서 왕이는 북중 관계를 "외부 침략에 맞선 공동 투쟁 속에서 피로 맺어진 것으로 공동의 귀중한 재산"이라며, 양국 관계를 "시대에 맞게 발전시켜 양국 인민에게 복이 되고 지역 평화와 안정에 적극 기여하길 바란다"고 말했다. 특히 그는 "중국은 조선의 경제발전을 굳건하게 지지하며 조선 측에 힘이 닿는 한 도움을 제공할 용의가 있다"고 밝혔다.

이는 미일 동맹은 물론이고 한미 동맹도 중국을 겨냥하는 형태로 변화하는 양상이 확연해지자 중국이 경제협력과 지원을 매개로 북한도 역할을 해달라는 주문으로 해석할 수 있다. 이러한 해석을 뒷받침하듯 리용남은 6월 21일 자 〈인민일보〉 기고문에서 "조선은 대만, 홍콩, 신장, 티베트 문제 등에서 중국 당과 정부가 자기의 핵심 이익을 지키고 국가 주권과 영토완정을 수호하기 위해 취한 조치를 전적으로 지지하며 앞으로도 영원히 중국 동지들과 함께할 것"이라고 다짐했다.[19]

김정은 위원장도 열흘 뒤 중국공산당 창당 100주년을 맞아 시진핑 주석에게 보낸 축전에서 "사회주의 건설을 추동하며 나라의 주권과 영토완정, 세계 평화를 수호하기 위한 중국공산당의 위업을 확고부동하게 지지한다"고 밝혔다. 그는 중화인민공화국 창건 72돌(10월 1일)을 맞아 보낸 축전에선 "우리 당과 정부와 인민은 적대 세력들의 광란적인 반중국 대결 책동을 물리치고 나라의 자주권과 발전권, 영토완정을 수호하기 위한 중국당과 정부와 인민의 정당한 투쟁을 확고히 지지할 것"이라고 밝혔다. 이는 앞선 축전보다 훨씬 강한 표현이다.

"주권과 영토완정"은 중국 당국이 대만 문제를 언급할 때 항상 강조해온 원칙이다. 김정은 위원장이 중국 지도부와 동일한 표현을 사용하면서 "확고부동하게 지지한다"고 밝힌 것은 북중 조약 및 미중 전략 경쟁과 결부하여 주목해야 할 대목이 아닐 수 없다. 대만해협 등에서 미중 간에 무력충돌 위기가 고조되거나 실제로 발생하면, 북한도 모종의 역할에 나설 수 있다는 점을 함축하고 있기 때문이다. 미국과 그 동맹국들이 대만해협 위기 발생 시 군사적으로 개입하는 것은 '중국의 주권을 침해하고 영토완정을 방해'하는 것이라는 인식을 북중이 공유하고 있는 셈이기에 더욱 그러하다. 더구나 미중 충돌 시 미국의 동맹국들도 개입할 가능성이 높다는 점에서 북한도 어떠한 형태로든 중국을 지지·원조할 가능성이 있다.

군사적인 관점에서 본다면, 중국은 미국과의 유사시 아시아 주둔 미군, 특히 중국 및 대만과 인접한 주한미군과 주일미군을 경계할 것이다. 그리고 주한미군과 주일미군이 중국을 상대로 투입될 움직임을 보이거나 실제로 투입되면 이들 기지에 대한 군사행동의 필요성을 강하게 느낄 것이다. 그러나 이는 중국에게도 엄청난 부담이 따르는 일이다. 세계 최강 미국은 물론이고 5~6위권의 군사력을 보유한 한국 및 일본과 전쟁을 각오해야 할 수도 있기 때문이다. 실제로 미국에선 동맹 강화를 통해 중국의 도발 시 미국의 동맹국들도 개입하는 확전으로 이어질 수 있다는 점을 중국에 주지시켜야 한다는 주장이 나온다. 그래야만 중국의 대만 공격을 억제할 수 있다는 것이다.

바로 이 대목에서 북중 동맹과 북한의 선택이 중요해질 수밖에 없다. 중국으로서는 미국과의 충돌 시 동맹국인 북한이 주한미군이나 주일미군을 견제해주는 역할을 해준다면 큰 도움이 될 것이라고 여길 수 있다. 이는 미국이 중국과의 유사시 미국의 동맹국들이 역할을 해주길 원하는 것과 마찬가지 논리이다. 핵무기와 미사일을 보유한 북한이 미국과 그 동맹국들을 견제해준다면 미국과 그 동맹국들을 억제하는 데 도움이 되고, 억제가 실패하더라도 전쟁 위험을 분산시킬 수 있기 때문이다.

정리하면, 최근 북중 동맹의 강화는 미중 전략 경쟁의 와중에서 벌어지고 있는 미국 주도의 동맹 강화라는 '작용'에 대한 '반작용'의 성격이 짙다. 1970년대 미중 데탕트와 중일 관계 정상화 이후 중국은 한미 동맹과 미일 동맹을 자신보다는 동맹국이자 이웃 국가인 북한에 대한 위협으로 간주했다. 하지만 한미 동맹과 미일 동맹이 자신의 핵심 이익을 침해하는 방향으로 변하고 있다는 인식이 커지면서 미국 주도의 동맹에 대한 경계심도 높이고 있다. 이러한 기류는 중대한 위험을 잉태하고 있다. 남북한 모두 '동맹의 사슬'에 엮이면서 미중 충돌 시 거기에 빨려 들어갈 가능성이 차곡차곡 쌓여가고 있기 때문이다.

4부

남북한의 선택은?

정욱식

01

"행운을 빕니다"

"행운을 빕니다." 2021년 5월 한미 정상회담 직후 기자회견에서 문재인 대통령이 대만 문제에 대한 질문을 받자 조 바이든 대통령이 농담처럼 던진 말이다. 그러나 대만 문제는 농담으로 받아들이기에는 엄중한 사안이다. 미중 유사시에 한국이 연루될 수도 있는 문제를 운에 맡겨둘 수는 없기 때문이다. 특히 대만해협 유사시에 주한미군의 투입 여부나 사드 및 제주 해군기지 이용 여부를 미국의 선택에 맡기는 것은 우리의 운명을 '타자화'하는 것이나 다름없다.

"행운을 빕니다"라는 말을 들으면서 또 다른 말이 나의 뇌리를 스쳤다. 2019년 11월 중순 일본 및 한국 방문길에 오른 마크 밀리Mark A. Milley 미국 합참의장은 이렇게 말했다. "70년 동안 강대국 간에 평화가 유지되어왔다. 전쟁은 있었다. 한국전쟁, 베트남전쟁, 걸프전쟁, 그리고 테러와의 전쟁들이 바로 그것들이다. 하지만 이것들은 제한전이었다. 강대국 간의 전쟁은 없었다." 그러면서 "우리가 압도적이고 의문의 여지가 없는 군사력과 경제력을 유지한다면, 강대국 간의 평화는 유지될 수 있을 것"이라고 말했다.[1]

이 발언에는 전쟁과 평화를 바라보는 미국의 시각이 잘 반영되어 있다. 미국 입장에서는 미국 본토가 공격당할 수 있는 강대국 간의 전쟁을 예방하는 것이 최우선 목표라는 것이 솔직히 드러나 있다. 이를 뒷받침하는 비화秘話도 공개됐다. 〈워싱턴포스트The Washington Post〉의 밥 우드워드Bob Woodward 부편집장과 로버트 코스타Robert Costa 기자가 쓴 《위기Peril》라는 책을 통해서다.

책 내용에 따르면, 밀리는 미국 대선을 나흘 앞둔 2020년 10월 30일 리쭤청李作成 중국 합참의장에게 전화를 걸어, "나는 미국 정부가 안정적이며 모든 게 잘될 것이라고 보장한다"며 "중국을 공격하거나 어떠한 작전도 수행하지 않을 것"이라고 말했다. 심지어 "만일 우리가 공격에 나서는 일이 생긴다면 내가 미리 전화하겠다"고 말하기까지 했다. 대선 패배의 위기에 놓인 도널드 트럼프가 전쟁을 개시할지도 모른다는 우려를 불식시키기 위해서였다. 2021년 1월 8일 밀리는 또다시 리쮀청에게 전화했다. 그는 트럼프 지지자들이 미국 의사당을 점령한 사태를 언급하며 "우리는 100퍼센트 안정적이다. 모든 것은 괜찮다"고 중국을 안심시키려고 했다. 이 역시 대선에서 패배한 트럼프가 무슨 짓을 저지를지 모른다는 두려움에 따른 것이었다.

러시아의 우크라이나 침공 과정에서도 이러한 미국의 셈법은 재차 확인되었다. 일반적으로 전쟁을 예방하는 데에는 크게 두 가지 선택지가 있다. 하나는 외교적 협상이다. 러시아의 핵심적인 요구는 우크라이나의 나토 가입 불가를 보장하라는 것이었다. 그러나 미국은 이 문제에 대해 비타협적인 자세를 보였다. 그것은 "우크라이나와 나토가 결정할 문제"라는 기존 입장을 되풀이한 것이다. 그렇다고 미국이 또 하나의 선택지인 군사적 억제 의사를 분명히 한 것도 아니었다. 바이든 행정부는 러시아가 우크라이나를 침공하더라도 직접적인 군사개입은 하지 않겠다고 여러 차례 밝혔다. 왜 그랬을까? 바이든 대통령은 이렇게 말했다. "우리가 군대를 투입하면 3차 세계대전이 벌어질 것이다."

이처럼 미국은 러시아 및 중국과 경쟁하고 갈등하면서도 "강대국 간의 전쟁"은 기피한다. 하지만 "제한전"은 다를 수 있다. 우리가 중국을 겨냥한 한미 동맹 강화나 한미일 삼각 동맹 및 쿼드 참여에 대단히 유의해야 하는 이유다. 한국이 발을 깊이 담글수록, 미국이 중국과 벌일 수도 있는 제한전에 빨려 들어갈 위험도 그만큼 높아진다. 미국과 중국 입장에선 제한전일 수 있지만, 우리에겐 국운이 달린 전면전이 될 수도 있다는 점을 간과해서는 안 된다.

역사적으로 보더라도 정명가도征明假道를 앞세운 일본의 침략으로 발발한 임진왜란, 구한말의 청일전쟁과 러일전쟁은 강대국들이 동북아 패권 경쟁에서 한반도를 자신의 영향권 아래에 두기 위해 벌인 전쟁이었다. 강대국 간에 벌어진 전쟁이었지만 주요 전쟁터는 한반도와 그 인근이었다. 한국전쟁 당시 중국의 개입도 비슷한 맥락에서 이해할 수 있다. 중국은 한반도 전체가 미국의 세력권으로 넘어가 북한이라는 완충지대가 사라지면 미국과의 전쟁이 불가피해질 것으로 봤다. 그래서 전쟁이 불가피하다면 중국 본토보다는 한반도에서 벌이는 것이 더 낫다고 보고 "항미원조 전쟁"에 나선 것이다.

다시 대만 문제로 돌아가보자. 우리에게는 최악이지만 가능성이 높은 시나리오는 대만해협에서 위기가 고조되거나 실제 충돌 발생 시 미국이 한국의 영토를 중국 견제에 사용하는 데에서 시작된다. 방식은 여러 가지가 있을 수 있다. 주한미군 기지의 대형 수송기로 미군과 무기·장비를 대만에 공수하는 것일 수도 있고, U-2기 등 정보 자산을 출격시켜 중국의 군사활동을 감시하는 것일 수도 있다. 항공모함 전단을 대만해협에 투입하면서 중국의 미사일 움직임을 포착하기 위해 성주에 있는 사드 레이더를 가동할 수도 있고, 이 과정에서 제주 해군기지를 기항지로 이용할 수도 있다. 미중 간에 무력충돌이 실제로 벌어지면 주한미군 군사력이 동원될 수도 있다.

중국의 대응 수준도 상황에 따라 달라질 것이다. 한국에 대한 외교적 경고와 군사적 위협에서부터 경제적 보복과 실제 군사 보복 공격에 이르기까지 그 스펙트럼은 넓게 펼쳐져 있다. 특히 주한미군이 중국에 대한 공격에 나서면 중국도 주한미군 기지에 대한 군사적 보복을 저울질할 것이다. 만약 중국이 한국 영토에 있는 미국 군사력에 보복 공격을 가하면, 그것은 곧 한국의 영토를 공격하는 셈이다. 세계 6위권의 군사력을 갖춘 인접국 한국과 전쟁을 각오하면서까지 주한미군 기지를 공격할 것인가, 이것이 바로 중국의 핵심적인 고민이 될 것이라는 뜻이다. 이는 곧 북한의 선택이 더욱 중요해질 수밖에 없다는 것을 의미하기도 한다.

북한도 이러한 시나리오에 촉각을 곤두세우고 있는 것으로 보인다. 2021년 10월 23일 박명호 외무성 부상은 대만 문제에 대한 담화를 내놨다. "대만 정세는 조선반도 정세와 결코 무관하지 않다"며 "대만 문제에 대한 미국의 무분별한 간섭은 조선반도의 위태로운 정세 긴장을 더욱 촉진시킬 수 있는 잠재적인 위험성을 내포하고 있다"고 밝혔다. 그러면서 "남조선 주둔 미군 병력과 군사기지들이 대중국 압박에 이용되고 있으며, 대만 주변에 집결하고 있는 미국과 추종세력들의 방대한 무력이 어느 때든지 우리를 겨냥한 군사작전에 투입될 수 있다는 것은 주지의 사실"이라고 주장했다.

대만 사태 발생 시 북한의 선택지는 전개되는 상황에 따라 달라질 것이다. 사태 초기에 북한이 중국을 지지하는 입장을 내놓으리라는 점은 확실하다. 대만이나 그 인근에서 실제 교전 상황이 발생하면 북한이 '우리는 중국과의 혈맹으로서의 역할을 할 것'이라는 취지로 발언 수위를 높일 수 있다. 일본과 한국이 대미 군사원조에 나서면, 즉 주일미군과 주한 미군이 투입되면, 북한이 두 나라를 상대로 경고성 발언을 내놓으며 군사적 준비태세를 강화할 수도 있다. 이를 통해 북한은 미국과 그 동맹국들의 군사력이 중국을 겨냥해 투입 되는 것을 억제하려고 할 것이다. 억제력을 발휘해야 북한이 중국과의 동맹에 엮여 전쟁으로 빨려 들어가는 것을 예방할 수 있다고 여기면서 말이다. 하지만 유사시 억제는 일방적인 게임이 아니다. 한미 동맹뿐만 아니라 일본과 유엔사의 전력 공여국들도 북한을 억제하기 위해 북한에 강력한 경고를 보 내면서 군사태세를 강화할 것이다. 이에 대응해 북한도 군사 태세를 강화하면 우발적 충돌의 위험은 매우 높아진다.

대만해협에서 전쟁 위기가 고조되거나 실제 무력충돌 발 생 시 미국이 북한을 억제하기 위해 선제적인 조치를 취할 수 도 있다. 항공모함 전단과 전략폭격기 등 전략자산을 한반도 나 그 인근에 투입해 '북한 변수'를 관리하는 것이다. 1950년 한국전쟁에 개입하면서 대만해협에 항공모함 전단과 공군 력을 전개했던 것처럼 말이다. 이는 대북 억제 차원의 군사 적 조치이지만, 앞서 언급한 것처럼 한쪽의 억제는 다른 쪽의 억제를 야기하기 쉽다. 즉 북한도 미국의 조치에 맞서 군사적 준비태세를 강화할 가능성이 매우 높다는 뜻이다. 이 단계까지 가면 대만해협의 위기와 충돌은 한반도를 포함한 동북아 전체로 번질 수 있다.

나 스스로도 이 시나리오를 예측하며 과도한 피해망상이 아닌가 반문했지만 우려를 떨쳐버릴 수 없는 것은 사실이다. 좋지 않은 상황들이 화학작용을 일으킬 수 있기 때문이다. 우선 한반도 평화 프로세스의 교착과 미중 전략 경쟁의 격화가 맞물리고 있는 상황이다. 그 여파로 한미 동맹과 북중 동맹도 강화되고 있다. 이 와중에 대만해협은 '동아시아의 화약고'로 부상하고 있다. 설상가상 남북한 사이에도 치열한 군비경쟁이 벌어지고 있다. 한국인들의 중국 및 북한에 대한 반감도 매우 높은 상황이다. "행운"을 바라기에는 희망의 근거가 작아지고 있는 현실이다.

02

세 가지 딜레마

버림받음과 휘말림의 딜레마

우리의 선택과 관련해 한미 관계와 한중 관계의 '최저선'을 생각해보자. 미중 무력충돌 시 한국이 주한미군의 차출을 반대하고 중립을 지키면 한미 관계의 최저선은 주한미군 철수와 한미 동맹 파기가 될 것이다. 반면 한국이 미국을 지원하면 한중 관계의 최저선은 전쟁이 될 것이다. 물론 이는 최악의 시나리오들이다. 하지만 무엇이 국익, 특히 국민의 생명과 안전을 수호하는 길인지에 대한 근본적인 물음을 던지지 않을 수 없다. 북중 관계의 현실을 정확히 알 수는 없지만, 북한역시 선택의 순간이 닥쳤을 때 고심할 수밖에 없는 물음이다.

그런데 여기에는 여러 가지 딜레마가 있다. 첫째, 동맹 이론에서 말하는 '휘말림(연루)과 버림받음(방기)의 딜레마'이다. 일반적으로 제3자와 무력 갈등에 있는 동맹국이 군사지원을 요청할 경우 이러한 딜레마가 발생한다. 동맹국의 요구를 수용하자니 전쟁에 휘말릴 위험이 있고, 동맹국의 요구를 뿌리치자니 동맹국으로부터 버림받을 우려가 있는 것이다.

기실 미국과 중국은 한반도 문제와 관련해 원하지 않는 분쟁에 연루될 위험을 차단하려고 노력해왔다. 1949년 미국이 군사고문단만 남기고 주한미군을 철수한 것이나 한미상호방위조약에 '자동개입' 조항을 넣지 않은 것도 한국이 북진 통일을 감행해 미국이 연루되는 위험을 차단하기 위해서였다. 한미상호방위조약 3조에 관한 '양해사항'에 "타 당사국에 대한 외부로부터의 무력 공격을 제외하고는 그를 원조할 의무를 지는 것이 아니다"라고 못박은 것도 이러한 맥락에서 나온 것이다.

북중 동맹 역시 마찬가지다. 북중 조약 6조에는 "한반도 통일은 평화적이고 민주적으로 이뤄져야 한다"고 명시되어 있다. 북한이 무력 공격을 통해 통일을 시도할 경우 중국이 원조할 수 없다는 점을 분명히 해두기 위한 조항이다. 그후로도 중국이 북한에 이런 입장을 꾸준히 전달한 것은 잘 알려진 사실이다.

그런데 오늘날에는 남북한의 직접적인 전쟁 가능성은 낮아진 반면, 미중 무력충돌에 남북한이 휘말릴 위험은 커지고 있다. 바로 이 대목에서 한미 동맹 강화가 우리에게 전략적 자산만은 아니라는 점을 확인할 수 있다. 한미 동맹의 군사적 결속이 강해질수록 한국에 대한 미국의 안전보장만 강해지는 것이 아니라 '미국 유사시' 한국이 연루될 위험도 커지는 것이다. 북한의 중국에 대한 경제적·외교적·안보적 의존이 심해질수록 북한 역시 이 위험을 피하기 어려워진다. 남한이든 북한이든 동맹에 대한 의존이 높아질수록 자신의 전략적·정책적 자율성은 낮아지기 때문이다.

현재와 미래의 딜레마

이러한 위험을 피하기 위해서는 동맹의 완화가 요구된다. 그런데 이 대목에서 두 번째 딜레마가 존재한다. 대만 문제를 둘러싼 미중 무력충돌은 '미래'의 일이다. 일어날 수도 있고 그렇지 않을 수도 있다. 그런데 미중은 무력충돌 가능성을 염두에 두고 움직여왔고 앞으로도 그럴 것이다. 이 충돌에 남북한이 휘말리지 않으려면 '현재'의 선택이 중요해진다. 동맹 강화라는 현재의 선택을 지속할 경우 미중 충돌 발생 시 연루될 위험을 차단하기가 매우 어려워지기 때문이다.

하지만 여기서 핵심적인 질문이 제기된다. 미중 무력충돌 발생 시 연루될 수 있는 불확실성 때문에 동맹국과의 갈등을 감수하면서 동맹의 완화라는 현재적 선택을 하는 것이 바람직하고 가능할까? 기실 동맹 강화를 이익으로 간주하는 남북한 모두의 현실을 고려할 때, 이러한 질문 자체가 부질없는 것일 수 있다. 동시에 이러한 관성은 몽유병자처럼 동맹의 사슬에 엮여 전쟁 속으로 빨려 들어갈 위험을 잉태하기 마련이다.

또 한 가지 중요한 문제가 있다. 대개 동맹 강화의 최대 이익은 군사적 적대국에 대한 억제력 강화와 안전보장에 있다고 간주된다. 그런데 동맹국의 안전보장 제공이라는 현재의 공약은 미래의 상황과 결부되어 있다. 한미 동맹이 약화되거나 종결되면 북한이 남침할 것이라는 공포가 이에 해당된다. 하지만 이 역시 정해진 미래는 아니다. 그럼에도 불구하고 한국의 선택은 불확실한 두 가지 미래, 즉 전쟁 연루와 북한의 남침 가운데 후자에 기울어져 있다. 그래서 한미 동맹 강화가 초래할 수 있는 또 하나의 존재론적 위협, 즉 미중 충돌 시 한국이 연루될 위험을 간과하는 경향이 높다.

북중 관계도 비슷한 맥락에서 이해할 수 있다. 1990년대 이래 북한은 외교적·경제적 고립에서 벗어나고 안보 우려를 해소하기 위해 한국, 미국, 일본 등과 관계 개선을 추구해 왔다. 핵과 미사일 개발은 이를 위한 외교적 지렛대의 속성을 품고 있었다. 그러나 한미일과의 관계 개선 시도가 연목구어緣木求魚라고 판단한 북한은 최근 들어 중국과의 관계 강화에 박차를 가하고 있다. 대만 문제에 대해 중국의 입장을 가장 강력히 지지하고 있는 나라가 북한이기도 하다. 그러나 중국과의 관계 강화라는 북한의 현재적 선택 역시 미래에 벌어질 수도 있는 일, 즉 미중 충돌에 북한도 휘말릴 위험을 잉태하고 있다. 북한이 대만 문제의 향방에 촉각을 곤두세우면서 "전쟁 억제력"을 부쩍 강조하는 것도 이러한 맥락에서 이해할 수 있다.

군사적 억제의 딜레마

세 번째 딜레마는 군사적 억제의 문제다. 최근 대만 문제를 비롯한 동아시아 국제정치에서 가장 많이 언급되는 단어가

'억제'이다. 중국은 대만이 독립을 시도하거나 유사시 미국과 그 동맹국들의 개입을 억제한다는 명분으로 군비증강과 군사활동에 박차를 가하고 있다. 이에 맞서 대만도 군비증강에 나서고 있고, 미국은 동맹국들의 힘을 결집시켜 대중 억제력을 강화하고 있다.

이 과정에서 주목할 만한 현상이 벌어지고 있다. '대리 군비경쟁'이라고 부를 수 있는 남북한의 군비증강이 바로 그것이다. 대만 사태에 연루될 위험을 염두에 둔 것인지는 불분명하지만, 남북한도 군비증강에 박차를 가하고 있다. 2021년 5월 한미 정상회담의 최대 성과 가운데 하나로 일컬어지는 것이 한미 미사일 지침 종료이다. 이로 인해 한국은 국내에서 개발 중인 미사일의 사거리와 탄두 중량에서 더 이상 제한을 받지 않게 되었고, 그후 각종 미사일 개발에 박차를 가하고 있다. 그렇다면 미국은 왜 한국의 미사일 주권을 인정한 것일까? 바이든 대통령을 비롯한 미국의 고위 인사들은 "미국은 동맹과 함께할 때 가장 강력하다"는 말을 입버릇처럼 해왔다. 그리고 미국은 중국을 최대의 경쟁자로 여기고 있고, 한국은 중국과 가장 가까운 곳에 있는 미국의 동맹국이다. 한국에는 주한미군도 있다.

이러한 지정학적 위치를 고려할 때, 미국으로선 한국이 미사일 역량 강화를 통해 대중 억제력을 강화해주는 것이 환영할 만한 일이 될 수 있다. 주한미군이 대만으로 출동해야 할 경우 한국의 강화된 미사일 전력이 주한미군을 향한 중국의 보복 공격을 억제하는 데 도움이 될 수 있다고 여기기 때문이다. 이와 관련해 중국 연변대의 퍄오둥쉰朴東勛 교수는 "미국의 한국 미사일 규제 해제는 미국의 대중국 전략 조정에 동조하는 것으로, 한국은 이를 '주권' 문제라고 생각하지만 실제로는 미국의 전략적 이익에 기여할 가능성이 더 크다"고 밝혔다.[2] 중국의 싱크탱크인 중국현대국제관계연구원도 미사일 지침 종료를 두고 "바이든 행정부가 한국을 끌어들이고 중국을 봉쇄하는 데 동맹을 이용하려는 것"이라고 분석했다.[3]

북중 관계에서도 주목할 만한 일이 벌어지고 있다. 북핵문제는 전통적으로 중국에겐 '전략적 부채'처럼 간주되었다. 하지만 미국 주도의 대중 압박과 견제가 강해지면서 북한을 대하는 중국의 태도가 달라지고 있다. 특히 중국은 북한의 핵과 미사일 활동에 대한 기존의 반대 입장에서 크게 물러서고 있다. 이는 아시아태평양에서의 세력균형이 중국에 불리하게 전개되자, 중국이 북핵을 미국과 그 동맹국들을 견제하는 데 유용한 '전략적 자산'으로 인식하고 있다는 해석을 가능케 한다. 물론 중국이 북한을 공식적인 핵보유국으로 인정할 가능성은 없다. 그러나 미중 전략 경쟁이 격화되고 미국이 동맹국들의 힘을 결집해 중국에 대응하려고 할수록, 중국도 세력균형의 관점에서 북핵 문제를 바라볼 가능성이 높아진다.

이처럼 미국은 한국을 비롯한 동맹국들의 군비증강을 북한뿐만 아니라 중국에 대한 억제력 강화의 관점에서 바라보고 있다. 예단은 금물이지만 중국도 북한의 핵과 미사일 능력을 이러한 관점에서 바라볼 가능성이 있다. 이러한 추세가 계속된다면, 남북 관계 회복 및 한반도 비핵화와 평화 체제 구축은 멀어지고 남북한 사이의 군비경쟁과 안보 딜레마는 격화될 것이다.

이는 연루와 억제의 셈법에도 중대한 영향을 미칠 수 있다. 미중 전략 경쟁과 한미·북중 동맹 강화가 계속 맞물리면, 남북한은 새로운 억제 능력을 갖춰야 할 필요성을 느낄 것이다. 미중 충돌 시 주한미군이 투입될 가능성이 높아질수록 한국은 중국의 군사 보복을 억제해야 할 필요성을 느낄 것이고, 이는 군비증강의 중대한 사유가 되어버린다. 북한 역시 마찬가지일 수 있다. 북한도 중국을 군사적으로 지원해야 할 경우, 미국이나 그 동맹국들의 보복에 대비해 억제력을 강화해야 할 필요성을 느낄 것이기 때문이다.

이렇듯 억제라는 '심리적 게임'과 군비경쟁이라는 '물리적 경쟁'이 상승작용을 일으키면, 우발적 충돌과 충돌 발생 시 확전의 위험도 매우 높아진다. 억제는 상대방에게 적대행위를 통해 얻을 수 있는 이익보다 보복에 의한 손실이 더 클 것이라는 점을 각인시켜 적대행위를 방지하는 데 목적을 둔다. 이를 위해서는 '3C'가 충족되어야 한다. 능력capability, 신뢰credibility, 전달communication이다. 보복할 수 있는 능력과 보복 경고가 빈말로 끝나지 않을 것이라는 신뢰, 그리고 이러한 의지의 분명한 전달이라는 요소가 충족되어야 억제가 제대로 작동한다.

그런데 안보는 상대가 있는 게임이다. 한쪽에서 억제 강화를 추구할수록 다른 쪽도 마찬가지 선택을 할 가능성이 높다. 특히 한쪽에서 전쟁을 억제하기 위해 취하는 언행이 다른 쪽에게는 선제공격 움직임으로 간주될 수 있고, 이는 오판과 오인, 혹은 기계의 오작동에 의한 우발적 충돌로 이어질 수 있다. 그리고 우발적 충돌이 발생하면 확전으로 이어질 위험도 매우 커진다. 군사적 억제를 당연시하는 기류가 팽배하지만, 억제에 의존하는 평화는 이처럼 불안하다.

03

무엇을 할 것인가?

'공멸의 두려움'을 공유하라

관계 회복과 개선의 동기는 다양하다. 지금까지 남북 관계 발전의 동기와 목표는 '최선의 시나리오'에 맞춰져왔다. 바로 한반도 평화 체제와 비핵화 실현, 남북한의 경제공동체 건설과 유라시아 대륙으로의 진출, 교류 협력의 확대와 평화적 통일 실현 등이다. 이 동기와 목표를 포기할 수는 없지만, 이제 남북 관계 회복과 개선의 동기를 다른 곳에서도 찾아야 할 때이다. 미중 충돌에 남북한이 연루되어 공멸이 초래될 수도 있다는 두려움을 공유해야 하는 것이다.

"희망은 전략이 아니다"라는 말이 있다. '미중 사이에 무력

충돌이 발생하지 않을 것이다', '충돌이 발생하면 그때 가서 판단하면 될 것이다', '군사력을 강화하면 동맹국에 군사적 지원을 해도 보복당하지 않을 것이다', 이런 것들은 모두 희망 사항에 불과하다. 오히려 현실은 대만해협의 위기는 높아지고 있고, 미중 사이의 안정적인 억제 관계는 흔들리고 있으며, 남북한으로서는 미중 충돌을 예방할 수 있는 마땅한 방법이 별로 없다는 것이다. 전쟁이 발발해도 미국과 중국에게는 '제한전'이 될 수 있지만, 한반도로 불똥이 튀면 핵전쟁을 포함한 전면전이 될 가능성도 배제할 수 없다.

이러한 잠재적이면서도 치명적인 위험은 남북 관계 개선 및 한반도 평화 프로세스 재개, 더 나아가 미중 충돌 방지의 필요성을 더욱 절박하게 만들고 있다. 따라서 우리의 당면 과제는 남북한이 이러한 위험 인식을 공유하면서, 위험 예방을 위해 각기 정책과 전략을 재구성하는 것이다. 오늘날 남북 관계는 한반도 문제뿐만 아니라 미중 전략 경쟁 구도에서 어떻게 남북한이 생존과 번영을 모색할 것인가라는 과제도 던져주기 때문이다. 남북한이 이러한 위험 인식을 공유할 수 있다면, 남북 관계 개선의 새로운 동기를 만들어낼 수도 있다.

이와 관련해 김정은 위원장의 발언을 주목할 필요가 있다. 2021년부터 김정은 위원장은 미중 전략 경쟁 구도에서 미국과 그 동맹국에 대한 비난의 수위를 높여가며 중국을 적극 지지하고 있다. 그러면서도 같은 해 6월 하순 노동당 전원회의에서 대다수 언론과 전문가들은 간과했지만 주목할 가치가 있는 발언을 내놨다. "중요한 국제 및 지역 문제들에 관한 대외정책적 입장과 원칙"을 표명하고 "시시각각 변화되는 상황에 예민하고 기민하게 반응·대응하며 조선반도 정세를 안정적으로 관리해나가는 데 주력해야 한다"고 말한 것이다. 당시 맥락으로 볼 때, "중요한 국제 및 지역 문제들"은 격화되는 미중 전략 경쟁과 중국을 억제·견제·포위하기 위한 미국 주도의 동맹 강화 움직임이라고 할 수 있다.

3개월 뒤 있었던 그의 최고인민회의 시정연설도 주목할 필요가 있다. 그는 "국제관계 구도가 '신냉전'으로 변화"한 것이 "주요 특징"이라고 일컬으면서 "더욱 불안정해지고 있는 국제정치 정세와 주변 환경에 주동적으로 대처해나가면서 우리의 국권과 자주적인 발전 이익을 철저히 수호하기 위한 사업"에 힘을 쏟아야 한다고 강조했다. 김정은 위원장이 말한 "신냉전"과 "더욱 불안정해지고 있는 국제정치 정세와 주변 환경"은 대만 문제를 중심으로 한 미중 전략 경쟁을 의미한다고 할 수 있다. 10월 23일 박명호 외무성 부상 담화를 통해 "우리는 대만 문제와 관련한 미국의 패권주의적 행태를 조선반도 정세와의 연관 속에 각성을 가지고 계속 주시할 것"이라고 밝힌 사실도 이러한 분석을 뒷받침한다.

북한은 전통적으로 중국과의 관계를 강화하면서도 과도한 종속과 의존을 경계해왔다. 이에 더해 북한 역시 미중 충돌 발생 시 연루될 위험을 우려할 개연성도 존재한다. 모든 나라가 그러하듯, 북한도 국가의 생존을 가장 중시하고 있다. 또 김정은 위원장이 젊은 지도자이기에 중장기적인 관점 하에 국가전략을 세우고 있다. 그런데 미중이 충돌하고 미국의 동맹국들이 여기에 개입하면 북한으로서도 국가의 존망을 건 선택에 내몰릴 수 있다. 김정은 위원장이 2021년 10월 11일 연설에서 "우리의 주적은 전쟁 그 자체이지 남조선이나 미국 등 특정한 그 어느 국가나 세력이 아니다"라며, "조선반도 지역에 군건한 평화가 깃들도록 도모하기 위함에 전력을 다할 것"이라고 밝힌 사실도 이러한 위기의식을 담은 것으로 풀이된다.

그의 이러한 발언 속에는 위기와 기회가 동시에 내포되어 있다. 위기는 북한이 "전쟁 억제력" 강화가 평화 수호의 길이라고 믿어 핵과 미사일 능력을 지속적으로 확대하는 데에서 비롯될 수 있다. 실제로 북한은 그러한 믿음에 방점을 찍고 있다. 2022년 들어 각종 미사일 시험 발사, 영변 핵시설 가동, 풍계리 핵실험장 복구 등의 움직임을 보이는 데서도 이를 알 수 있다.

하지만 김정은 위원장은 한반도 정세의 안정적 관리와 남북 관계 회복 의사도 피력했다. 2021년 6월 노동당 전원회의에서 "조선반도 정세를 안정적으로 관리해나가는 데 주력해나가야 한다"며, 문재인 대통령과 친서를 교환하고 7월 27일을 기해 남북 통신선 복구를 제안한 것에서도 이를 알 수 있다. 비록 통신선 복원 직후 한미연합훈련이 실시되고 북한이 이에 강력히 반발하면서 남북 관계 회복은 또다시 유보되고 말았지만 말이다. 하지만 기회가 완전히 사라진 것은 아니다. 김정은 위원장이 한반도 정세의 안정적인 관리 필요성을 완전히 망각했다고 볼 수는 없기 때문이다.

물론 연루의 위험을 인지하면서 이를 예방하기 위해 노력하는 것이 북한만의 몫은 아니다. 끔찍한 우려를 기우로 만들기 위해서는 남북한 모두 각성해야 한다. 자신의 정책과 전략이 전쟁 억제보다는 전쟁에 연루될 위험성을 높이는 것은 아닌지 자문해야 할 때이다. 그리고 공멸의 두려움이 근거 있는 우려라면 그 두려움을 공유하면서 관계 개선에 나서야 한다.

새로운 '3C'를 구축하라

나는 앞서 억제의 세 가지 요소로 능력, 신뢰, 전달을 든 바 있다. 그리고 이제 새로운 관점에서 '3C'를 제안하고자 한다. 이는 남북한이 단기적으로는 안정적인 억제 관계를 만들면서 남북 관계 개선과 한반도 평화 프로세스의 재개를 도모하고, 장기적으로는 미중 무력충돌 방지에 기여하는 동시에 충돌 발생 시 연루되는 상황을 예방하기 위한 것이다. 남북한 사이에는 여러 가지 이견과 갈등이 있지만, 전쟁 방지라는 최소한의 공통분모가 존재한다.

먼저 '능력'이다. 북한은 2013년 "경제 건설과 핵 무력 건설 병진 노선" 선포 이후 재래식 군사력의 비중은 낮추면서 핵과 미사일 분야로의 선택과 집중에 나섰다. 남한은 핵무장 시도는 자제하면서도 천문학적인 국방비를 투입해 전방위적인 전력증강에 나섰다. 이러한 군비경쟁 격화가 한반도 평화 실현은 멀어지게 만들고 미중 충돌에 연루될 위험을 키울 수 있다는 점은 앞서 지적한 바 있다.

가령 이런 것이다. 2017년 남한에 사드 배치가 가시화되자 북한은 이를 무력화할 수 있는 미사일 개발을 공언했다. 그리고 회피 기동이 가능해 요격이 어려운 '북한판 이스칸다르'와 저고도로 비행해 탐지·추적이 어려운 순항미사일에 이어 극초음속 미사일 '화성-8형'도 선보였다. 그런데 사드를 만든 록히드마틴은 이전부터 '확장형 사드'를 연구·개발하고 있었다. 기존 사드의 요격미사일에 비해 속도와 사거리를 획기적으로 높여 극초음속미사일과 대륙간탄도미사일(ICBM)을 잡아보겠다는 것이다.

그런데 확장형 사드는 기존의 발사대에 장착될 수 있고, 펜타곤은 2020년대 중반에 실전 배치가 가능하다는 입장이다. 만약 확장형 사드가 경북 성주의 사드 기지에 배치되면, 한국이 미중 전략 경쟁에 연루될 위험은 더욱 커진다. 한국에 배치된 사드가 자신의 핵심 이익을 침해한다고 간주해온 중국의 반발 수위가 훨씬 높아질 것이기 때문이다.

한반도 정전 체제와 군사적 대치 상황이 지속되고 있는 상황에서 억제를 위한 물리력인 군사력의 존재 이유를 부정할 수는 없다. 그러나 상대보다 군사적 우위에 서야 한다는 강박관념과 무분별한 군비증강은 군비경쟁과 안보 딜레마를 격화시켜 오히려 안보에 해로운 결과를 초래할 수 있다. 이에 따라 남북한이 추구해야 할 군사력의 건설 방향은 우위를 둘러싼 경쟁이 아니라 '균형'이 되어야 한다. 이 관점은 안정적인 억제 관계를 수립하는 데 매우 중요하다. 무분별한 군비경쟁을 완화하면서 군비통제와 군축을 통한 보다 안정적인 관계로의 발전을 도모해야 한다는 인식론적 근거가 될 수 있기 때문이다.

다음으론 '신뢰'이다. '적대적인' 억제 관계에서 신뢰의 핵심은 보복 위협이 빈말로 끝나지 않을 것임을 상대에게 각인시키는 것이다. 이때 효과적인 방법이 바로 대규모 군비증강과 군사훈련 실시를 통한 힘의 과시다. 반면 '안정적인' 억제 관계는 쌍방이 약속한 바를 서로 신뢰할 때 마련될 수 있다. 부전不戰의 맹세, 상호불가침, 적대행위 중단, 군사적 신뢰 구축 및 단계적 군축 추진은 2018년 남북 정상 간 합의의 핵심 기조였다. 여기서 발생하는 핵심적인 모순은 정상 간의 의기투합에 기반한 신뢰 구축과 전면전까지 상정한 한미연합훈련과의 관계에 있다. 즉 북한은 불가침을 약속했는데 남한은 북한의 남침에 대비한다는 이유로 미국과 연합훈련을 하는 것이 과연 어울리느냐는 문제가 발생한다.

남북한의 신뢰가 무너진 원인도 이 대목에서 찾을 수 있다. 2021년 9월 29일 김정은 위원장은 시정연설에서 한미연합훈련과 남한의 대규모 전력증강을 비난하면서 "우리는 남조선에 도발할 목적도 이유도 없으며 위해를 가할 생각이 없다"며, "남조선은 북조선의 도발을 억제해야 한다는 망상과 심한 위기의식, 피해의식에서 빨리 벗어나야 한다"고 주장했다. 전면 남침은 물론이고 남한에 피해를 주는 도발도 할 생각이 없는데, 왜 남한은 이를 믿지 못하고 군비증강과 한미연합훈련을 고수하느냐는 불만이 담겨 있는 발언이다.

하지만 북한의 언행에서도 모순은 발견된다. 김정은 위원장이 2021년 1월 당대회에서 밝힌 전술핵 무기화가 대표적인 예다. 전술핵은 '사용 가능한 무기usable weapon'로 불릴 정도로 전쟁 발발 시 실전 사용 가능성을 염두에 둔 측면이 강하다. 북한은 전술핵 개발을 공식화하면서 다양한 투발 수단도 시험발사해왔다. 그러면서도 김정은 위원장은 2021년 10월 "분명코 우리는 남조선을 겨냥해 국방력을 강화하는 것이 아니다"라고 주장했다. 하지만 남한을 사정거리에 둔 전술핵

무기 및 각종 미사일 개발과 이것이 남한을 겨냥한 것이 아니라는 주장은 양립하기 어렵다. 유사시를 대비해 한미가 연합훈련을 하는 것처럼 북한의 전술핵과 각종 미사일 개발도 마찬가지 속성을 갖기 때문이다.

그렇다면 안정적인 억제 관계를 만들기 위해서는 어떻게 신뢰를 재구성해야 할까? 남북한의 당면 과제는 부전과 상호불가침 약속에 부합하는 형태로 정치적·군사적 신뢰 구축 조치를 취하는 데 있다. 이를 위해 남한은 한미 동맹이 매년 3월과 8월에 실시하는 전면전 대비 한미연합훈련을 유예하고, 북한은 남북군사공동위원회 구성 및 가동에 응해야 한다. 9.19 군사분야합의서에서 군사공동위를 구성해 대규모 군사훈련 및 군비증강 문제를 논의하기로 했던 만큼, 이를 통해 신뢰 구축 조치와 군비통제 및 군축을 집중적으로 논의해야 한다.

미중 전략 경쟁 시대에 남북한의 신뢰는 한 단계 더 나아가야 한다. 바로 미중 무력충돌 시 어느 쪽도 미국이나 중국을 군사적으로 지원하지 않을 것이라고 서로가 확신할 수 있어야 한다. 그래서 '소통'이 매우 중요하다. 미중 '신냉전' 시대에 남북 관계는 이 문제도 다룰 수 있을 정도로 성숙되어야 한다. 상시적이면서도 전략적인 소통이 가능해져야 남북한이 연루될 위험을 최소화할 수 있기 때문이다. 전략적 소통은 상황에 따라 다양하게 이뤄져야 한다. 남북한이 선제적으로 대만해협에서의 미중 무력충돌 시 남북한 모두 중립을 지킬 것이라고 선언하는 것도 고려할 필요가 있다. 이는 동맹국과의 갈등을 초래할 수 있지만, 동시에 미중 충돌을 평화적으로 억제하는 데 기여할 수도 있다. 남북한의 중립 선언은 미국과 중국 모두에게 무력충돌에 따른 부담을 더욱 높여주기 때문이다.

또한 남북한은 신냉전과 미중 충돌 문제까지 다룰 수 있을 정도로 '소통의 다자화'를 추구할 필요가 있다. 남북미중 4자회담과 여기에 러시아와 일본을 포함한 6자회담이 이에 해당된다. 2000년부터 한반도 평화협정 당사자는 남북미중 4자라는 공감대가 형성되어왔기에 4자회담의 필요성은 꾸준히 제기되어왔다. 그러나 2022년 5월 현재까지 4자회담은 열리지 않고 있다. 2003년에 시작된 6자회담도 2008년 이후 산소마스크를 쓴 신세로 전락한 상황이다. 그러므로 남북한은 이들 다자회담의 필요성을 공감하고 회담 개최를 위해 공동의 노력을 기울여야 한다.

이들 회담의 기존 목표는 한반도 문제 해결이었다. 향후 다자회담은 한반도 문제는 물론이고 대만을 포함한 동아시아 평화 문제를 다루는 방향으로 확대되어야 한다. 한반도 문제와 국제적인 신냉전은 불가분의 관계에 있을 뿐만 아니라 대만 문제로 시작된 전쟁의 불길이 한반도와 일본을 포함한 동아시아 곳곳으로 옮겨붙을 수 있기 때문이다. 제도적인 기반이 전혀 없는 것도 아니다. 과거 6자회담의 실무 그룹 가운데 하나로 동북아평화안보체제가 있었다. 6자회담 재개와 함께 이 그룹을 활성화하여 대만 문제를 포함한 역내 갈등의 평화적인 해결 방안을 논의해야 한다.

6자회담과 4자회담에 모두 참가하는 나라들은 남북미중이다. 이는 '한미 동맹 대 북중 동맹'이라는 군사적 갈등 구조를 완화할 가능성을 품고 있다. 6자회담에는 러시아와 일본도 참가한다. 이 역시 '한미일 대 북중러'라는 동북아 신냉전의 가시화를 예방하는 데 도움이 될 수 있다. 남북한이 격화되는 신냉전과 미중 전략 경쟁을 우려의 시선으로만 바라볼 것이 아니라 한반도 문제를 해결하는 과정에서 미중 충돌 혹은 아시아 신냉전의 기운을 차단할 수 있는 지혜와 용기를 발휘해야 할 때이다. 그 출발점은 남북관계의 회복과 발전에 있다.

주한미군을 통제하라

미중 군사 충돌 시 남북한이 동맹의 체인에 엮여 연루될 위험은 앞서 지적한 바 있다. 그러나 한미 동맹과 북중 동맹 사이에는 중요한 차이가 있다. 남한에는 미국 군사력이 주둔하고 있는 반면 북한에는 중국 군사력이 부재한다는 사실이다. 이 차이는 중요하다. 북한의 연루는 북한이 '자국'의 군사력을 사용하겠다는 의지를 표명하거나 실제 사용할 경우 제기될 문제다. 이에 비해 남한의 연루는 '주한미군' 투입이나 미국의 역외 군사력이 한국을 중간기지로 삼을 경우에 발생한다. 즉 현실적으로 북한보다 남한이 자신의 의지와 관계없이 미중 충돌에 연루될 위험이 훨씬 크다.

이와 관련해 알렉산더 버시바우Alexander Vershbow 전 주한미국 대사는 2008년 1월 9일 자 외교 전문에서 주한미군은 "아시아 대륙에 유일하게 존재하고" 중국의 부상이라는 "미래의 도전에 대응하는 데" 필수적이라고 밝힌 바 있다. 또 2021년 5월 러캐머라 주한미군 사령관은 주한미군을 두고 인도태평양사령부를 지원할 수 있는 "독특한 위치"에 있다고 했다. 즉 미국은 중국과의 무력충돌 발생 시 주한미군의 투입 옵션을 기정사실화하고 있는 것이다.

이러한 미국의 입장은 한미 동맹과 관련한 숱한 질문을 던지게 만든다. 미국이 주한미군을 중국과의 유사시에 대비하는 형태로 전환하려고 하는데, 한국이 기지도 무상으로 제공하고 1조 원이 넘는 방위비분담금을 지불하는 것이 온당한 일인가? 혹시 미국이 한미연합훈련을 고집하는 데에는 한국을 전지훈련장으로 삼으려는 의도도 깔려 있는 것이 아닐까? 무엇보다도 주한미군을 대만해협 분쟁에 투입할 수 있다는 입장과 원하지 않는 분쟁에 개입하지 않겠다는 한국의 의사를 존중하겠다는 입장은 양립 가능한가? 그리고 이는 한미상호방위조약에 부합하는가?

미중 간의 전략 경쟁과 대만해협 유사시 한국이 어떤 태도를 취해야 하는지를 두고 사람마다 의견이 다를 수 있다. 그러나 우리가 지켜야 할 마지노선은 원하지 않는 분쟁에 휘말리지 않는 것이다. 한미 동맹을 강화해야 한다는 강박관념이 이러한 마지노선마저 위태롭게 하는 것은 아닌지 반문해봐야 한다. '수단'이 되어야 할 한미 동맹이 한국의 안전과 번영이라는 '목적' 자체를 위태롭게 하는 것은 아닌지 따져

볼 필요도 있다. 경제력 세계 10위, 군사력 세계 6위로 올라선 한국이 '전쟁과 평화'라는 가장 근본적인 문제에 있어서 주권을 온전히 행사하고 있는지도 성찰해봐야 한다.

혹자들은 바로 이러한 이유 때문에 미국이 갖고 있는 전시작전통제권을 조속히 환수해야 한다고 주장한다. 이는 당연한 주문이지만, 그 자체만으로는 이 책에서 다루고 있는 문제를 해결하지 못한다. 오히려 전시작전권 환수는 주한미군의 전략적 유연성을 증대해주는 결과를 낳을 수 있기 때문이다. 따라서 이 문제를 해결하는 것이 한국의 최우선 당면 과제가 되어야 한다.

누차 강조하지만, 가장 기본적이면서도 중요한 원칙은 우리 의사와 무관하게 미중 군사 충돌에 연루되는 일이 없어야 한다는 것이다. 이를 위해서는 주한미군을 포함한 미국 군사력의 한국 영토 이용 문제에 대해 주권적인 통제 방안을 마련하는 것이 매우 중요하다. 이와 관련해 2006년 1월 한미 정부는 주한미군의 전략적 유연성에 관한 합의를 이루고, "미국은 한국이 한국민의 의지와 관계없이 동북아 지역 분쟁에 개입되는 일은 없을 것이라는 한국의 입장을 존중한다"고 발표했다. 한국은 이를 근거로 미국에게 주한미군의 전략적 유연성 문제도 여기에 포함된다는 점을 분명히 해둬야 한다.

이와 관련해 터키의 사례를 살펴볼 필요가 있다. 터키는 나토 회원국으로 미국의 동맹국이다. 2003년 미국의 이라크 침공 당시 동맹이 시험대에 올랐다. 부시 행정부는 이라크를 신속하게 공격·점령하기 위해 터키에 6만 2,000명의 미군 주둔을 허용해달라고 요청했다. 터키 정부는 긍정적인 입장을 밝혔지만, 터키 의회는 150억 달러를 지원하겠다는 미국의 약속에도 불구하고 이를 거부했다.[4] 헌법적 절차를 밟은 것이다. 한국 영토를 이용하는 미 군사력에 대한 주권적 통제가 미비한 한국으로서는 타산지석으로 삼을 수 있는 사례다.

경북 성주에 배치된 사드가 미중 충돌 시 한국을 연루시키는 '발화물질'이 되지 않게 하는 것도 중요하다. 이 역시 근거는 있다. 주한미군 사령부는 2017년 9월 10일 〈사실 보고서fact sheet〉를 통해 "사드가 한국에 배치될 시 유일한 임무는 북한의 중단거리 탄도미사일로부터 한국을 지키는 것"이라고 강조한 바 있다. 한국은 이를 근거로 사드가 중국을 겨냥하는 형태로 운용되는 일이 없도록 미국의 확답을 받아야 한다.

물론 쉬운 일들은 아니다. 그러나 불가능한 일도 아니다. 미국 역시 중국과의 전쟁을 피하고 싶어한다. 동시에 전쟁을 예방하는 수단으로 동맹과 억제력 강화에 몰두하고 있다. 이 것이 바로 우리가 미국과 토론해야 할 지점이다. 억제 일변 도의 접근이 미국도 원하지 않는 전쟁의 위험을 키우는 것 은 아닌지 물어야 한다. 미국이 천문학적인 국방비를 투입하고 동맹을 강화하고 있는데, 왜 대만해협의 위기는 갈수록 커지고 있는지 물어야 한다. 그리고 대만 문제의 평화적 해결을 위해 한미가 외교적 지혜를 모으자고 제안해야 한다.

정욱식

이 책을 마무리할 즈음, 2022년 3월 9일 대선에서 승리한 국민의힘 윤석열 후보가 대통령으로 취임했다. 아마도 윤석열 정부의 가장 큰 난제는 외교안보 문제가 될 것이다. 러시아의 우크라이나 침공으로 고조되고 있는 신냉전, 가열되고 있는 미중 전략 경쟁과 대만 문제를 둘러싼 갈등, 북한의 점증하는 핵과 미사일 활동 등이 맞물려 있기 때문이다. 이러한 상황에서 윤석열 정부의 당면 과제는 상황이 보다 악화되는 것을 방지하고 문제 해결의 기초를 닦는 데 있다.

하지만 정부 출범을 전후해 보여준 모습은 깊은 우려를 자아낸다. 남북 관계와 한반도 평화, 그리고 균형 외교의 중요성을 간과하고 한미 동맹 강화에만 몰두하는 모습을 보이고 있기 때문이다. 윤석열 대통령이 후보 시절에 언급한 '우크라이나 전쟁의 교훈'부터 그 문제점을 지적할 수 있다. 그는 러시아의 침공 당일인 2월 24일에 "대한민국도 냉정한 선택을 해야 한다"며, "확고한 한미 동맹을 바탕으로 한 강력한 억지력만이 우리의 운명을 우리가 결정할 수 있게 해준다"고 밝혔다. 그런데 우크라이나 사태는 나토의 약화가 아니라 강화 과정에서 발생했다.

미국을 비롯한 서방 국가들은 동유럽의 체제 전환, 냉전 종식, 독일 통일 과정에서 소련에 나토를 확대하지 않겠다고 수십 차례나 약속했다. 그러나 이 약속은 지켜지지 않았다. 나토 회원국만 늘어난 것이 아니다. 우크라이나 전쟁 이전에도 폴란드, 루마니아, 발틱3국에는 미군을 포함해 약 1만 2,000명의 나토군이 주둔하고 있었고 여기에는 20여 대의 전투기와 미사일 방어체제(MD) 전진 배치도 포함되어 있었다. 이것이 바로 러시아가 우크라이나를 침공한 중대한 배경이 되었다. 나토가 더 확대되기 전에 '예방 전쟁'을 통해 이를 저지하고 러시아의 세력권을 회복하겠다는 푸틴의 야심이 침공의 본질적인 이유인 것이다.

이러한 우크라이나 사태는 우리에게 매우 엄중한 교훈을 준다. 한미 동맹 강화가 과유불급의 어리석음을 야기할 수 있다는 것을 보여주기 때문이다. 특히 윤석열 대통령이 대선 공약으로 밝힌 사드 추가 배치 및 '3불 입장'* 철회는 더 큰 인화물질을 우리 땅에 갖다놓는 것이나 마찬가지다. 이것은 "우리의 운명을 우리가 결정할 수 있게" 해주는 것이 아니라 우리의 운명을 타자화하는 상황을 수반할 것이기에 디욱 그러하다. 또 문재인 정부 후반기에 악화일로를 걸어온 남북 관계의 회복과 멈춰선 한반도 평화 프로세스의 재개 역시 매우 중요한 과제이다.

하지만 윤석열 정부는 2022년 5월 하순 한미 정상회담을 거치면서 퇴행적인 선택을 하고 말았다. 임시 배치 상태였던 경북 성주의 사드를 조속히 정식 배치하기로 했고, 미국이 중국을 배제하고 자국 주도로 첨단기술과 소재의 공급망을 재편하려는 '인도태평양 경제프레임워크Indo-Pacific Economic

---

* 한중 간의 사드 갈등이 격화되던 2017년 10월 30일 강경화 당시 외교부 장관은 국회에서 '3불不 입장'을 밝혔다. "대한민국 정부는 사드 추가 배치를 검토하지 않고 있고, 미국의 미사일방어체제(MD)에 참여하지 않는다는 기존 입장에 변함이 없으며, 한·미·일 3국 간의 안보 협력이 3국 간의 군사동맹으로 발전하지 않을 것"이라는 내용이 그것이다.

Framework(IPEF)'에도 가입키로 했다. 또 "인도태평양 지역 안보 및 번영의 핵심 요소로서 대만해협에서의 평화와 안정 유지의 중요성"을 재확인함으로써 대만 유사시 한미 동맹 차원의 개입 여지를 만들고 말았다. 윤석열 정부가 한중 관계에 있어서 가장 예민한 문제들과 관련해 미국 쪽으로 확연히 기울어진 선택을 한 것이다.

대북정책에서도 여러 가지 우려스러운 모습을 보이고 있다. 이번 한미 정상회담에서 한미 확장억제전략협의체를 재가동하고 미국의 전략자산을 적시에 전개하며 한미연합연습과 훈련의 범위와 규모를 확대키로 한 것이다. 이러한 합의가 위험성을 내포하고 있다는 점은 이전 상황을 떠올려보면 어렵지 않게 예상할 수 있다. 한미 양국은 2018년 한반도 평화 프로세스가 본격화되면서 확장억제전략협의체 가동을 유보했고 미국의 전략자산 전개도 자제했다. 또 한미연합훈련의 규모도 축소했다. 그런데 윤석열 정부 초기에 이들 조치를 재개·강화하기로 함으로써 북한의 점증하는 핵과 미사일 활동과 맞물려 '강 대 강'의 대결 국면이 조성될 가능성이 높아지고 있다.

앞에서 자세히 다룬 것처럼, 우리가 경계해야 할 나쁜 시나리오는 한반도의 군사적 위기와 미중 전략 경쟁 구도에서 한국의 입지 축소라는 '악순환'이 발생하는 것이다. 이런 악순환이 계속되면 최악의 시나리오, 즉 미중 군사 충돌에 한국이나 한반도가 휘말릴 위험도 커지기 때문이다. 그런데 윤석열 정부 초기의 정책은 악순환의 완화가 아니라 강화를 초래하고 있다. 그만큼 정부에 대한 시민사회와 언론, 그리고 국회의 비판과 견제의 역할이 더욱 중요해지고 있다.

대만 문제와 미중 경쟁에 대한 균형적 시각

이 책의 주제인 대만 문제와 관련해서도 최선의 해결책은 평화적인 해결이다. 이것은 한국에도 '바다 건너 불'이 아닌 만큼 문제 해결을 위해 우리가 기여할 수 있는 부분을 찾는 것이 매우 중요하다. 이를 위해 몇 가지 유의해야 할 점이 있다.

첫째, 중국의 대만 무력 통일 시도가 '정해진 미래'라는 시각을 경계해야 한다. 국내외에선 2025년 전후, 늦어도 2035년 이전에 중국이 대만을 침공할 것이라는 시각이 우세하다. 하지만 이는 어디까지나 예상이다. 실제로 벌어질 수도 있고 기우로 끝날 수도 있다. "전쟁이 일어날 것"이라는 믿음이 전쟁 발발로 이어지지 않게 하는 것이 중요하다. 중국은 대만이 독립을 선언하거나 이에 준하는 상황을 무력 사용의 조건으로 삼고 있다. 그런데 대만과 미국 등이 중국의 대만 침공을 정해진 미래로 간주하면서 군사력과 대비 태세를 강화하면 중국은 어떻게 반응할까? 아마도 중국은 대만의 독립 선언이 다가오고 있다며 '예방 전쟁'의 유혹을 강하게 느낄 것이다. 모두가 경계해야 할 시나리오는 바로 이것이다.

둘째, 대만 무력 통일이 시진핑 주석의 의제라고 확신하는 태도도 주의해야 한다. 국내외에선 중국의 공세적 외교가 시진핑의 호전성과 야망에서 비롯된 것이라고 쉽게 판단하려 한다. 이렇게 볼 근거가 없는 것은 아니지만, 반드시 그것 때문이라고 할 수는 없다. 가령 대만에 비평화적 수단을 동원할 수 있다는 〈반분열국가법〉 제정, "남중국해 및 인근 해역의 섬들에 대한 중국의 절대적 주권"이 명시된 입장서의 유엔 제출, 동중국해에 있는 센카쿠열도/댜오위다오에서의 일본과의 분쟁 격화 등은 모두 후진타오 주석 집권기에 이뤄진 것들이다. 이런 사실은 후진타오는 '온건한 지도자', 시진핑은 '호전적인 지도자'라는 이분법적 인식을 경계해야 한다는 것을 의미한다. 시진핑을 악마화하면 평화적인 문제 해결이 더욱 어려워질 거라는 점에서 더욱 그러하다. 우리가 주목해야 할 것은 시진핑의 성향이 아니라 점점 강해지고 있는 중국의 국력이다. 그 국력이 파괴적인 방향으로 흐르지 않게 하기 위해서는 억제와 더불어 외교가 필수적이다.

셋째, 대만해협 위기의 원인을 중국의 일방적이고 공세적인 행태에서만 찾으려는 경향도 경계해야 한다. 중국의 책임이 큰 것은 분명하지만, 사실상의 독립을 추구하려는 대만의 움직임과 중국을 견제·봉쇄·약화하기 위해 대만 카드를 활용하고 있는 미국과 다수 동맹국들의 태도에도 책임이 있다. 즉 대만해협의 위기는 어느 한쪽의 일방적인 행동에서 기인한 것이 아니라 주요 행위자들의 작용과 반작용이 악순환을 형성해온 데 있다는 것이다. 이러한 균형적인 이해는 갈등과 위기의 평화적인 해결에 반드시 필요한 자세이다.

넷째, '오늘날의 세계질서는 민주주의 대 권위주의 사이의 대결이고 우리는 민주주의 편에 서야 한다'는 인식을 경계해야 한다. 양안 문제 역시 '민주주의(대만) 대 권위주의(중국)의 대결'로 간주하는 시각이 널리 퍼져 있다. 그런데 우리가 이러한 관점을 쉽게 수용하면 인접한 북한·중국·러시아와의 관계는 더욱 악화될 것이고, 관계 악화가 초래할 안보적·경제적·외교적 위험은 너무나도 크다. 국제질서의 근본은 체제의 다양성을 인정하고 체제의 차이를 넘어 평화공존을 도모하는 데 있다. "지정학적 단층선"에 위치한 한국의 입장에선 이러한 관점이 국제 평화는 물론이고 국민의 안전과 국익을 위해서도 더욱 절실하다.

다섯째, 미국 그리고 미국과 뜻을 같이하는 나라는 '국제 규칙의 수호자'이고, 미국이 전략적 경쟁자로 규정한 중국은 '국제 규칙의 파괴자'라는 이분법적 시각을 경계해야 한다. "규칙에 기반한 국제질서의 수호"는 바이든 행정부의 인도태평양 전략의 핵심 기조이다. 그런데 미국은 국제 규칙이나 규범이 마음에 들지 않으면 아예 외면하거나 탈퇴해버린다. 21세기 들어 주권 국가의 영토를 유린한 불법적인 전쟁의 포문을 연 나라는 미국이었다. 2001년 아프가니스탄 침공과 2003년 이라크 침공이 바로 그것이다.

또 미국은 인도태평양 전략을 통해 "자유롭고 개방된 질서"와 "항행의 자유"를 강조하지만, 정작 유엔해양법협약United Nations Convention on the Law of the Sea(UNCLOS)에 가입조차 하지 않고 있다. 미국은 북한의 핵실험과 핵활동을 맹렬히 비난하고 제재하면서도 포괄적 핵실험금지조약Comprehensive Nuclear-Test Ban Treaty(CTBT)과 핵물질생산금지조약Fissile Material Cut-off

Treaty(FMCT)도 외면해왔다. 자국의 군사력 건설과 운용에 방해될 수 있다고 여기기 때문이다. 미국이 체결했다가 마음에 안 들면 탈퇴한 경우도 많다. 탄도미사일방어조약Anti-Ballistic Missile Treaty(ABM)과 중거리핵전력조약(INF)이 대표적이다. 미국이 각각 1972년과 1987년에 소련과 체결한 이들 조약은 핵전쟁 방지와 군축에 크게 기여했다는 평가를 받았다. 그러나 미국은 2002년과 2018년에 이들 조약에서 탈퇴했다. 이처럼 미국이 말하는 "규칙에 기반한 국제질서"는 미국 예외주의와 동전의 앞뒤 관계에 있다. '달면 삼키고 쓰면 뱉는 방식'으로 미국, 보다 정확하게는 미국 기득권 세력의 이익을 지키겠다는 속셈이 담겨 있는 것이다.

이러한 지적들이 중국의 언행에 문제가 없다는 의미는 결코 아니다. 다만 한국 정부는 물론이고 다수의 언론과 전문가도 미국 주류의 화법과 정책에 너무 쉽게 포섭되고 있는 현실을 지적하고 싶을 뿐이다. 물리적인 국력은 갈수록 강해지고 있지만, 심리적·정신적 대미 종속은 더욱 심해지고 있다는 느낌을 공유하고 싶을 뿐이다. 대만 문제를 포함한 미중 경쟁에서 균형적이고 문제 해결 지향적인 관점을 가져야 정작 중국에도 할 말을 제대로 할 수 있다는 점을 호소하고 싶을 뿐이다.

할 말이 있다면

아마도 우크라이나 사태가 진정되면 세계의 시선은 또다시 대만해협으로 향할 것이다. 우크라이나 사태가 보여주듯, 전쟁의 최대 피해자들은 전쟁 결정과 무관한 무고한 시민들이다. 피해자들은 우크라이나 사람들에 국한되지 않는다. 영문도 모르고 불법적인 전쟁에 동원돼 희생되고 있는 러시아 군인들과 반전을 외쳤다고 정부의 탄압을 받거나 서방의 경제제재로 고통받고 있는 러시아 시민들, 유가와 곡물가 폭등으로 피해를 입고 있는 전 세계 사람들 모두 직간접적인 피해자들이다.

대만해협에서 전쟁이 터지면 훨씬 심각한 상황이 벌어질 수 있고, 그 전화戰火로부터 우리도 자유로울 수 없다. 따라서 우리도 미국-중국-대만 사이의 아슬아슬한 삼각관계를 우리의 문제로 여기고 역할을 모색해야 한다. 민감한 문제여서 정부가 나서기 어렵다면, 민간에서라도 적극적인 역할을 모색해야 한다. 선의와 진정성을 갖고 당사자들에게 대화를 통한 위기관리와 평화적인 해결을 촉구해야 한다.

중국을 상대로는 정세를 오판해서는 안 된다는 점을 강력히 설득해야 한다. 어떠한 이유로든 중국이 무력 통일을 시도한다고 해도 대만의 강력한 저항에 직면할 수밖에 없으며 무력 점령이 성공하기도 매우 어렵다. 또 국제사회에서 중국의 위신은 회복할 수 없을 정도로 추락할 것이고 강력한 경제제재와 외교적 고립에 직면할 것이다. 중국이 아시아태평양에서 미국의 군사력을 추월하기도 쉽지 않을뿐더러 설사 추월한다 해도 그것이 미국의 불개입을 보장하는 것도 아니다. 따라서 무력으로 통일을 시도할 경우 "위대한 중화민족의 부활"이라는 중국몽은 악몽으로 귀결될 것이라는 점을 중국에 지속적으로 전달해야 한다. 중국이 "대만 문제 거론은 내정간섭"이라는 폐쇄적 태도에서 벗어나 선의와 진정성을 갖춘 충고와 조언에 귀 기울이도록 촉구해야 한다.

미국을 상대로는 미중 관계의 초석이자 아시아태평양 안전의 토대인 '하나의 중국' 원칙을 훼손하는 언행을 자제하도록 촉구해야 한다. '하나의 중국'이라는 중국의 핵심적인 정체성은 미국도 인정해온 바이기에, 이를 흔드는 것은 중국의 반미 감정과 대만에 대한 공세적·강압적 태도를 유발하는 결과를 초래한다는 것을 다시 한번 인식시켜야 한다. 무엇보다도 대만 문제에 대해 미국이 강경한 태도를 취할 경우 미국의 동맹국들 역시 원하지 않는 전쟁에 휘말릴 수 있고, 그것은 결코 동맹에 대한 도리가 아니라는 점을 설득해야 한다.

그리고 한국을 비롯한 세계 시민들은 억제력 강화 일변도의 움직임을 대화로 반전시킬 수 있도록 노력해야 한다. 핵심적인 당사자들이 군사적 억제력을 맹신할수록 대만의 독립 시도에 대한 중국의 우려는 커지고, 동시에 중국의 대만 침공 가능성에 대한 대만과 그 우방국들의 우려도 커질 수밖에 없다. 이러한 악순환을 끊을 수 있는 유일한 방법은 실종된 대화를 복원하는 것이다. 갈등과 문제 해결의 핵심 주체인 중국과 대만을 대화의 장으로 이끌, 국경을 초월한 시민들의 연대가 절실하다.

끝으로 세계 시민은 미중을 비롯한 국가들에게 '뭣이 중한지'를 물어야 한다. 오늘날 모든 나라와 국제기구가 이구동성으로 말하는 존재론적 위협은 '기후 위기'이다. 그래서 묻게 된다. 지구의 안보가 갈수록 위태로워지고 있는데 지구에 있는 국가의 안보는 무사할 수 있을까? 군사활동 자체가 기후 위기의 주된 원인이자 기후 위기 대처에서의 거대한 예외인데, 이러한 현실을 이대로 방치해도 좋은가? 갈수록 지구는 거주 불능의 땅이 되고 있는데, 그 지구를 둘러싼 경쟁에 여념이 없는 미국과 중국이 과연 인류의 평화와 안전을 말할 자격이 있는가?

프롤로그

1   https://www.foreignaffairs.com/articles/united-states/2021
    -06-22 /becoming-strong.

2   https://www.globaltimes.cn/page/202202/1253176.shtml.

3   이삼성, "분단체제 개념, 동아시아에 적용하려면 '대분단체
    제'가 적절", 〈한겨레〉, 2014년 3월 20일.

4   주평, "난관 맞이한 한중 관계," 〈동아일보〉, 2021년 6월 9일.

1부

1   蘇起, 《台湾的三角習題従美中台到紅藍緑, 台湾前途的再思
    考》, 聯経出版, 2019.

2   Porter, Patrick, and Michael Mazarr. "Countering China's
    Adventurism over Taiwan: A Third Way." Lowy Institute, May
    2021.

3   대만 국립정치대학 선거연구센터.

4   왕신셴王信賢, "미중 경쟁 시대 대만의 안보전략과 도전 요인", 동아시아연구원 EAI 스페셜리포트. 2021.6.17.

5   *U.S.-CHINA ECONOMIC And SECURITY REVIEW COM MISSION*, 2019 Annual Report.

6   〈대만 중앙통신사〉, 2021년 3월 12일 자 기사.

        Cheng Li, *Biden's China strategy: Coalition-driven competition or Cold War-style confrontation?*, Brookings Institute Report, May 2021.

8   Vivian Salama and Gordon Lubold, "Biden Says He Sees China as Stiff Competition," *The Wall Street Journal*, March 25, 2021.

9   Niall Ferguson, "A Taiwan Crisis May Mark the End of the American Empire," *Bloomberg Opinion*, 21 March 2021.

10   Richard Haass, "The Taiwan Triangle," Project Syndicate. https://www.project-syndicate.org/commentary/us-policy-to-prevent-chinese-invasion-of-taiwan-by-richard-haass-2021-10(검색일: 2021년 11월 21일)을 참조하라.

11   Shelley Rigger, Testimony for the U.S.-China Economic and Security Review Commission, Hearing on Cross-Strait Deterrence. 2021.

12   "미 국방부, 중국 해군 규모 세계 최대", 〈한겨레〉, 2020년 9월 2일.

13   박병광, 《중국인민해방군 현대화에 관한 연구》, 국가안보전략연구원, 2019, pp. 45-47.

14   김태호, "창군 100주년 앞둔 중국군 개혁의 성과", 〈중앙일

보〉, 2021년 2월 20일.

15 Annual Report to Congress: Military and Security Develop ments Involving the People's Republic of China, OFFICE OF THE SECRETARY OF DEFENSE, Nov 3, 2021.

16 自由時報, "国防部共軍資通電作戰具癱瘓我軍能力", 2020年 9月 1日.

17 〈연합뉴스〉, 2021년 12월 13일 자 보도.(검색일: 2022년 2월 14 일)

18 대만 〈경제일보經濟日報〉, 2021년 11월 23일 자 보도.

19 대만 〈연합보聯合報〉, 2021년 11월 24일 자 보도.(검색일: 2021 년 11월 25일)

20 〈연합뉴스〉, 2021년 12월 13일 자 보도.(검색일: 2022년 2월 14 일)

21 Testimony of Bonny Lin, U.S. Allied and Partner Support for Taiwan: Responses to a Chinese Attack on Taiwan and Potential U.S. Taiwan Policy Changes, 2021.

22 대만 국가정책연구기금회國家政策研究基金會 소속 군사 전문가 제중揭仲 연구위원이 룽잉타이 문화기금회龍應台文化基金會 주최 안보 특강에서 발언한 내용(2021년 5월 8일).

23 蘇仲泓, "武力犯台解放軍準備好了嗎?", 新新聞, 2021.5.9.

24 Bush, Richard C., Difficult Choices: Taiwan's Quest for Security and the Good Life. Brookings Institution Press, 2021.

25 장영희, "패권경쟁의 희생양이 되지 않으려면", 〈한겨레〉, 2022년 3월 13일. https://www.hani.co.kr/arti/opinion/colu mn/1034658.html.

2부

1 "台湾から「日本ありがとう!」…ワクチン供与にお礼のマスク
   124万枚", 読売新聞, 2021.9.18.

2 다나카 총리가 결단한 중일 국교정상화에 대한 자민당 내
   반응과 관련해선 아래 내용을 참조하라. 服部竜二, 日中国交
   正常化－田中角栄、大平正芳、官僚たちの挑戦(中公新書, 2011)
   pp. 200~204

3 "台湾有事は日米の有事", 日本経済新聞, 2021.12.2

4 "台湾情勢、ひとごとでない 日米同盟、一層強化図る 岸防衛相
   に聞く", 毎日新聞, 2021.9.15.

5 "아베 '대만 무력개입 시사 발언, 중 한밤중 일본 대사 불러
   항의", 〈한겨레〉, 2021년 12월 3일.

6 門間理良, "日本はいかに動くべきか? サイバー・ ミサイル攻撃
   から始まる中台激突"(中央公論, 2021.10), p. 51.

7 "台湾・蔡英文総統 単独インタビュー「香港、ウイグルへの弾圧
   を北京当局がやめるよう呼びかける。民主主義陣営は団結す
   べきだ」"(文芸春秋, 2021.9).

8 "自民、強まる台湾重視、政策チーム新設で関係強化提言", 日
   本経済新聞, 2021.3.4.

9 "自民外交部会「台湾PT」立ち上げ 佐藤氏「日本の安全保障
   にも影響」", 産経新聞, 2021.2.10.

10 "米主導 対中メッセージ", 朝日新聞, 2021.4.17.

11 "台湾海峡 踏みこむ日米", 朝日新聞, 2021.4.18.

12 "米主導 対中メッセージ", 朝日新聞, 2021.4.17.

13 "台中ルビコン川渡った日本", 朝日新聞, 2021.4.18.

14 高橋杉雄, "台湾海峡を巡る危機感の高まりと日米首脳会談" (NIDS コメンタリー 第164号 2021.4.22), pp. 2~3.

15 2021년 4월 16일 정상회담.

16 "日米豪印「クアッド」で台湾を守れ 細谷雄一 / 梶原みずほ 山下裕貴"(文芸春秋, 2021.9).

17 門間理良, "日本はいかに動くべきか? サイバー・ミサイル攻撃から始まる中台激突"(中央公論, 2021.10), p. 50.

18 "台湾有事の可能性はあるか", 朝日新聞, 2020.9.25.

19 CNAS, *The Poison Frog Strategy*, 2021. 10. 26(https://www.cnas. org/publications/reports/the-poison-frog-strategy), "중, 사실상 대만침공 실전훈련…미 "둥사군도 점령 땐 속수무책", 〈한겨레〉, 2021.10.28.에서 재인용.

20 이와 관련해 길윤형, 《아베는 누구인가》(돌베개, 2017), 9장과 10장에 자세한 내용이 소개돼 있다.

21 "日米防衛指針に改定論", 日本経済新聞, 2021.6.4., "中期防前倒し改定 公約に", 日本経済新聞, 2021.6.27.

22 "台湾有事 想定見直す契機ー日米安保声明を聞く②", 日本経済新聞, 2021.4.21.

23 防衛省, 「防衛白書」(2021), p. 221.

24 前田哲男, "東アジアーINF条約というリアリティ"(世界, 2021.9), pp. 152~153.

25 "「敵基地攻撃能力」の名称変え、保有を提言へ 自民調査会", 朝日新聞, 2022.4.21.

26 "台湾有事、南西諸島を米軍拠点に 共同作戦計画の原案策

定”, 共同通信, 2021.12.23.

27 "米軍、対中ミサイル網計画一九州沖縄一フィリピン結ぶ第一列島線”, 朝日新聞, 2021.7.8.

28 前田哲男, "東アジアーINF条約というリアリティ"(世界, 2021.9), pp. 156~157.

29 "중 군축 전문가 '미국 겨냥 핵 선제 사용권 고려해야'", 〈한겨레〉, 2021년 9월 24일.

30 "前線 日本バランス役模索-台湾海峡にらみ合う大国⑥”, 朝日新聞, 2021.6.12.

31 池尾靖志, "島の未来と軍事基地"(世界, 2021.3), pp. 222~223.

32 "沖縄戦くり返すのか「残存兵30%」石垣島民が怒り”, 新聞赤旗, 2018.12.3.

33 "군사요새 전락한 일 최남단 섬…'미사일로는 평화 없다' 외침", 〈한겨레〉, 2022년 5월 17일.

3부

1 https://www.armed-services.senate.gov/imo/media/doc/GEN%20LaCamera%20APQs%2014%20May%202021%20(FINAL).pdf.

2 https://isdp.eu/publication/u-s-rok-military-exercises-provocation-possibility/.

3 Wang Dong like, "Reluctant Rival: Beijing's Approach to US-China Competition," Global Asia, December 2021.

4 https://www.yna.co.kr/view/AKR20220113054700083.

5 https://news.v.daum.net/v/20211225110607897. (검색일: 2021.12.28.)

6 https://www.scmp.com/news/china/diplomacy/article/ 3154203/prepare-south-korea-and-us-expand-military- alliance-china?module=perpetual_scroll&pgtype=article& campaign=3154203.

7 https://www.hoover.org/news/scholars-consider-possible- scenarios-preventing-chinese-takeover-taiwan.

8 〈프레시안〉, 2006.02.22.

9 David Suchyta, *Jeju Naval Base*: *Strategic Implications for Northeast Asia*, United States Army War College Class of 2013, 〈https://apps.dtic.mil/dtic/tr/fulltext/u2/a590234. pdf〉.

10 https://www.defense.gov/News/Transcripts/Transcript/ Article/2867772/pentagon-press-secretary-john-f- kirby-holds-a-press-briefing/.

11 http://www.defense.gov/Newsroom/Transcripts/Transcript/ Article/2081326/department-of-defense-press-briefing- on-the-presidents-fiscal-year-2021-defense/.

12 https://www.defensenews.com/digital-show-dailies/ smd/2021/08/24/lockheed-new-missile-defense-system- upgrades-will-produce-more-comprehensive-battlefield- picture/.

13 https://www.strategypage.com/on_point/20210616124140.

aspx.

14 https://www.army.mil/e2/downloads/rv7/2020-2021_
Weapon_Systems_Handbook.pdf.

15 〈내일신문〉, 2020년 2월 14일 및 2월 19일 자.

16 https://www.defensenews.com/land/2021/06/14/us-army-
to-fund-extended-range-precision-strike-missile-
starting-in-fy22/.

17 https://www.yna.co.kr/view/AKR20211209014600071.

18 https://www.voanews.com/a/former-top-us-commander-
in-korea-urges-allies-to-include-china-in-war-plans/
6391856.html.

19 http://www.tongilnews.com/news/articleView.html?idxno=
202388.

4부

1 Chairman Travels to Indo-Pacific; Affirms Region's Strategic
Importance, November. 11, 2019.
https://www.defense.gov/explore/story/Article/2013116/
chairman-travels-to-indo-pacific-with-american-strategic-
thinking/.

2 퍄오둥신, '한반도 정세의 동향과 한중 협력: 곤경과 출로',
〈성균 차이나 브리프〉, 제9권 제4호(통권 61호), 2021.10.1.

3 https://www.scmp.com/news/china/diplomacy/article/

3154203/prepare-south-korea-and-us-expand-military-alliance-china?module=perpetual_scroll&pgtype=article&campaign=3154203.

4   https://www.latimes.com/archives/la-xpm-2003-mar-02-fg-iraq2-story.html.

미중 경쟁과 대만해협 위기

남북한은 동맹의 체인에 연루될 것인가

2022년 7월 20일 초판 1쇄 발행

펴낸이 이제용 | 지은이 길윤형 장영희 정욱식
펴낸곳 갈마바람 | 등록 2015년 9월 10일 제2019-000004호
주소 (06775) 서울시 서초구 논현로 83, A동 1304호(양재동, 삼호물산빌딩)
전화 (02) 517-0812 | 팩스 (02) 578-0921
전자우편 galmabaram@naver.com
블로그 blog.naver.com/galmabaram
페이스북 www.facebook.com/galmabaram

편집 오영나 | 디자인 이새미
인쇄·제본 다다프린팅

ISBN 979-11-91128-03-1 03340